Thomas Sadler · Marion Hofmeier · Eva Reichert

Chiemgau schmeckt

Thomas Sadler · Marion Hofmeier · Eva Reichert

Chiemgau schmeckt

Gerichte und Gesichter – vom Acker auf den Teller

schmeckt³ Verlag - regio edition 2011

1. Auflage 2011

Druck und Bindung: sellier druck GmbH, Freising
Printed in Germany, Freising

Umwelthinweis: Gedruckt auf FSC-zertifiziertem Papier (Forest Stewardship Council)

ISBN 978-3-9814027-0-4

Bibliografische Information der Deutschen Bibliothek: Die Deutsche Nationalbibliothek verzeichnet diese Publikation in der Deutschen Nationalbibliografie; detaillierte bibliografische Daten sind im Internet unter http://dnb.d-nb.de abrufbar.

Bildquellen: alle Bilder stammen von Thomas Sadler, Marion Hofmeier und Eva Reichert, außer: Chiemgau Tourismus e. V. (Cover oben, 10, 19 oben, 29 oben, 43, 47 oben, 58, 61 oben, 87, 91 oben, 121, 125 oben, 135, 139 oben, 151, 153 oben, 154), Chiemsee-Alpenland Tourismus GmbH & Co. KG (92, 112, 133 oben, 144), Chiemgau Thermen GmbH (123 oben), Dirk Seiferheld (7 oben, 8, 11/12, 13, 21 oben, 27 oben, 50/51, 69 oben, 75, 85 oben, 98/99, 126/127, 192), Erich Barthuber (54 oben Mitte), Touristinfo Traunstein (82).

Quellen: www.chiemgau-tourismus.de, www.chiemsee-alpenland.de, www.wikipedia.de, eigene Recherchen vor Ort

FSC
www.fsc.org
MIX
Papier aus verantwortungsvollen Quellen
FSC® C004592

Inhalt

Danksagung

Wir bedanken uns bei allen, die uns bei der Verwirklichung unseres Buches unterstützt haben, offen für unsere Begeisterung waren und an unsere Idee geglaubt haben (in alphabetischer Reihenfolge der Nachnamen):

Friede Dänzer, Yvonne Großmann, Edeltraud Hofmeier, Anna „Maa“ Karacsov, Johann Kreuzpointner, Eva Kulina, Karoline Malkusch, Silke Mayr, Maria Perreiter, Helga und Hans Reichert, Anna Roßmanith, Brigitte und Andreas Sadler, Elena und Johann Sadler, Heike Scondo, Dirk Seiferheld, Vlatko Stojanov, Anja Ueberschär, Sindy Vogel, Erhard Wackerbauer, Veronika Wimmer
Sowie bei allen anderen Verwandten, Freunden und Bekannten, die uns hilfreiche Tipps mit auf den Weg gegeben haben.

Des Weiteren bei allen im Buch porträtierten Erzeugern für ihr Interesse, Engagement und ihre Zeit sowie für die Lebensmittel, die sie uns zur Verfügung gestellt haben (in alphabetischer Reihenfolge der Betriebe):
Anderlhof, Bio-Beeren vom Franz, Bio-Hof Klauser, Bio-Imkerei Barthuber, Bioland Gärtnerei Dandl und Sengl, Bio-Schäferei Koch, Chiemgaukorn, Götschl-Hof, Irmgärtchen, Lebensfeld Jaksch, Schröckenbauerhof, Wendlerhof

Wir bedanken uns für die wertvollen Tipps, tatkräftige Hilfestellung und den stets herzlichen Kontakt bei:

Chiemgau schmeckt - ganz nach dem Motto „Vor der Tür - schmeckt gut - tut gut“. Das bioregionale Kochbuch mit saisonalen Rezepten und lebendigen Hofgeschichten.

Von den Autoren mit Chiemgauer Bio-Produkten selbst gekocht, probiert und für lecker befunden.

Ein Buch für Chiemgauer, Freunde des Chiemgaus und Liebhaber der regionalen Küche.

Vorwort

Warum uns dieses Buch am Herzen liegt

Genussvoll zwischen Inn und Salzach - mit diesem Motto und einer enthusiastischen Idee haben wir uns im Frühjahr 2011 aufgemacht, den Chiemgau kulinarisch zu entdecken und die Geschichten der Menschen hinter den regionalen Erzeugnissen zu erfahren.
Es folgten viele interessante Begegnungen mit stolzen, gastfreundlichen und herzlichen Erzeugern, deren vielfältigem Angebot an ökologisch angebauten und erzeugten Lebensmitteln, amüsanten Kochstunden und Fotoaufnahmen, sowie Begegnungen mit Land und Leute.

Unsere Leidenschaft für regionale Ess- und Genusskultur haben wir in diesem Buch in die Tat umgesetzt - sozusagen das Angenehme mit der Arbeit verbunden.

Da uns Nachhaltigkeit wichtig ist, haben wir Rezepte ausgewählt und erfunden, die mit bio-regionalen Zutaten aus dem Chiemgau gekocht werden können sowie beim Druck eine nachhaltig hergestellte Papiersorte gewählt. Partnerschaftlich gewachsen sind wir auch mit unserer Druckerei aus unserer Wahlheimat Freising, mit der wir bereits unser erstes Buch „Freising Schmeckt“ realisiert haben.

Beruflich wie privat beschäftigen wir uns mit den Themen Bio und Regionalität. Uns verbindet die Überzeugung, dass die Stärkung der Region wichtig ist und vernünftige Agrar- und Esskultur zusammen gehören. Und natürlich essen wir auch gerne gute Lebensmittel.

Wir möchten Sie ermuntern, die Vielfalt handwerklich erzeugter und hergestellter Bio-Zutaten im Chiemgau zu entdecken und Neues auszuprobieren.

Wir wünschen Ihnen viel Freude beim Nachkochen und Genießen!

An Guadn!

Thomas Sadler, Marion Hofmeier & Eva Reichert

Freising, November 2011

Einleitung

Es gibt Gerichte und Geschichten, die überraschen immer wieder.
So überrascht Sie „Chiemgau schmeckt“ auf den folgenden Seiten mit Gerichten wie den „Boarischen Ravioli“, den „Hirschauer Buchteln“, der Vielfalt an regionalen Erzeugnissen oder den Geschichten der Menschen, die hinter diesen Produkten stehen.

Die über 100 saisonalen Rezepte sind zudem gespickt mit interessanten Tipps zum Umgang mit Lebensmitteln, Rezeptvariationen sowie historischen Kurzinfos über den und entdeckenswerte Plätze im Chiemgau. Die verwendeten Lebensmittel in den Rezepten werden zu 95 % in der Region Chiemgau angebaut und erzeugt.
Zwölf dieser Erzeuger geben Ihnen Einblick in ihre Hofgeschichte und verraten ihr persönliches Lieblingsrezept. Eine Übersicht regionaler Einkaufsmöglichkeiten im Chiemgau und den ausführlichen Chiemgauer Saisonkalender finden Sie am Ende des Buches.

Regionalität bedeutet den Bezug zwischen dem Ort, an dem die Pflanzen und Tiere wachsen und dem Ort wo sie zu Lebensmitteln verarbeitet und direkt vermarktet werden, herzustellen.
Mit Ihrem Entschluss, regionale Produkte zu kaufen, entscheiden Sie sich für kurze Transportwege und frische Lebensmittel. Sie entscheiden sich bewusst für die Esskultur vor Ihrer Haustür. Zudem unterstützen Sie die Wertschöpfung in Ihrer Region und können die Herkunft der Produkte nachvollziehen.

Bio ist geradezu dafür geschaffen, eine Verbindung mit der Regionalität einzugehen. Denn „Bio“ bietet (Mehr-)Werte: Genuss, Gesundheit und Klimaschutz. Gearbeitet wird auf den Äckern im Einklang mit der Natur, ohne chemisch-synthetische Spritzmittel, ohne aufwendig produziertem Kunstdünger und Tiere werden als Mitgeschöpfe nach ethischen Grundnormen gehalten. Diese Produkte tragen zur Kultur eines ehrlichen, sauberen und natürlichen Geschmacks bei.
Natürliche Lebensmittel auch natürlich belassen, bedeutet für den Verbraucher, einen authentischen Geschmack zu erleben. Sinnlich neue Geschmackserlebnisse sind die angenehme Folge.

Bio und Regionalität sind in jeder Hinsicht sinnstiftend - sozusagen: Bio mit Beziehung. Und das ist nicht überraschend.

„Mongdratzerl“ sind die bayerischen Tapas. Sie kitzeln als Salat, Suppe oder andere kleine Schmankerln in großer Vielfalt liebevoll den Magen und bereiten ihn für den nächsten Gang vor. Oder auch als genüsslicher Snack für zwischendurch. Das Gute daran: jeder findet seine Lieblingsschmankerln unter den „Mongdratzerl“. Diesen kleinen Appetithäppchen kann niemand widerstehen.

MONGDRATZERL

Suppen und Vorspeisen

Frühling

Obazda-Dascherl

Mit Radieserl-Salsa

Für 4 Portionen:

400 g Weichkäse mit Edelschimmel
½ Zwiebel
1-2 EL Paprikapulver
3 EL Butter
300 g Mehl
1 l Öl
5-10 EL Wasser
1 Bund Radieserl
3 Frühlingszwiebeln
1 Eiweiß
½ TL Chilipulver
Salz, Pfeffer

Für den Obazda Käse (Zimmertemperatur) würfeln und mit der Gabel zerbatzen (zerdrücken). Fein gewürfelte Zwiebel, Paprikapulver und weiche Butter untermischen, dann kalt stellen.

Aus Mehl, 3 EL Öl, Wasser und einer Prise Salz einen Strudelteig kneten und 30 Minuten bei Zimmertemperatur ruhen lassen.
Für die Salsa Radieserl und Frühlingszwiebeln in feine Ringe schneiden, mit 3 EL Öl, Salz und Pfeffer anmachen.
Teig dünn strudeln (mit den Händen auseinanderziehen oder mit Nudelholz ausrollen) und in 10x10 cm große Stücke schneiden. Eiweiß mit Chili verquirlen und Teigstücke damit bestreichen. Auf jedes Stück 1 EL Obazda geben und die Dascherl gut verschließen.
Eine Pfanne mit etwa 4 cm Öl füllen. Sobald kleine Bläschen an einem Holzlöffel aufsteigen, die Obazda-Dascherl ca. 1 Minute hell ausbacken. Zusammen mit der Radieserl-Salsa servieren.

„So gangads aa"
Übrige Dascherl eignen sich auch kalt als Brotzeit.

Schöberlsuppn

Für besondere Anlässe

Für 8 Portionen:

3 Eier
60 g weiche Butter
1-2 EL Milch
80 g Mehl
2 l Brühe (siehe Seite 159/160)
Salz

Backofen auf 180°C (Ober- und Unterhitze) vorheizen, Backblech einfetten.

Die Eier trennen. Das Eiweiß steif schlagen. Anschließend die Eidotter mit der Butter und einer Prise Salz schaumig rühren. Nach und nach die Milch, das Mehl und den Eischnee in die Eigelbmasse einrühren. Den schaumigen Teig auf das Blech gießen und 5 Minuten goldgelb backen (mittlere Schiene).

Suppenbrühe erhitzen. Gebackenen Teig in kleine Rauten oder Karos schneiden. Die Schöberl in die bereits angerichtete Suppe geben und sofort servieren.

„Hosd des gwusst?"

Typische Hochzeits- oder Primiz-Suppe, also für besondere Anlässe geeignet. Primiz ist die erste Messe eines neu geweihten katholischen Priesters, mit anschließendem Festessen versteht sich.

Schöberl können auf Vorrat zubereitet werden. Sie sind 1 Woche im Kühlschrank und 3 Monate tiefgekühlt haltbar.

Die Königslinde

Kutschersuppn

Eine aromatische Frühlingssuppe

Für 4 Portionen:

1 Zwiebel
100 g frischer Kerbel
1 große Kartoffel
1-2 EL Butterschmalz
1 l Wasser oder Brühe (siehe Seite 159/160)
4 EL Sahne
Muskat
Salz, Pfeffer

Zwiebel sehr fein hacken. Kerbel verlesen und klein hacken, Kartoffel schälen und fein reiben.

Butterschmalz erhitzen und die Zwiebel darin glasig dünsten. Kartoffelraspel und ¾ des Kerbels dazufügen und kurz mitdünsten. 1 l heißes Wasser oder Brühe angießen und auf kleiner Flamme 5 Minuten köcheln lassen.

Die Sahne zur Suppe geben und nach Belieben pürieren. Den restlichen Kerbel in die heiße Suppe geben und noch kurz ziehen lassen. Mit Muskat, Salz und Pfeffer abschmecken.

„Hosd des gwusst?"
Auf dem Platz der Königslinde, welche beim Kulturbahnhof in Rimsting steht, befand sich bis 1887 der persönliche Wartepavillon von König Ludwig II. Von dort aus reiste er auf seinem Weg nach Herrenchiemsee mit der Kutsche weiter.

Zwudelsuppn

Eine beliebte Fastenspeise

Für 4 Portionen:

10-12 EL Mehl
2 Eier
1 EL Suppenwürzl
(siehe Seite 159)
Evtl. Butter
Salz

Das Mehl mit den Eiern und etwas Salz gut verreiben, so dass ungleichmäßige Flocken (Zwudeln) entstehen. Suppenwürzl in 1 l Wasser aufkochen lassen, dann die Zwudeln bei geringer Hitze in der Suppe etwa 5-10 Minuten gar ziehen lassen.

Nach Belieben die Suppe mit Butter und Salz abschmecken.

„So gangads aa"

Die Zwudeln können statt in Brühe auch in Milch gekocht werden. Dieses Gericht nennt sich dann „Grimmiteigsuppn". Diese süße Suppe schmeckt man mit Butter, Honig und Zimt ab.

Hochfellnkreuz

Hennaknedl

In der Suppn

Für 4 Portionen:

1 Suppenhuhn
1 Karotte
Semmelknödelteig (siehe Seite 162)
Evtl. zusätzliche Petersilie
Salz

Vom Suppenhuhn etwa 100 g Brustfleisch ablösen und fein würfeln. Restliches Huhn in einen Topf geben und mit der gewürfelten Karotte in 1 l Salzwasser etwa 45 Minuten köcheln lassen.

Den Semmelknödelteig mit den Hühnerwürfeln vermengen, daraus kleine Knödel formen und in der Suppe gar kochen. Anschließend auf Tellern servieren und mit gehackter Petersilie garnieren.

„So gangads aa"

Die Hennaknedlsuppn ist ein altes bayerisches Rezept, gefunden in einem Kochbuch von 1720. Wenn man die Knödel größer formt, können Sie zusammen mit einer weißen Sauce (helle Einbrenne mit Geflügelfond und Milch aufgegossen) als Hauptspeise serviert werden.

Spinat-Nockerln

Mit Käsehäubchen

Für 30 Nockerln:

500 g Spinat
160 g Frischkäse
3 Eigelb
4 EL Mehl
80 g Wammerl (Speck), geräuchert
1 MSP Muskat
60 g Butter
50 g Hartkäse
Salz, Pfeffer

Spinat waschen und tropfnass bei mittlerer Hitze in einem Topf unter mehrmaligem Rühren ca. 5 Minuten zusammenfallen lassen. Anschließend in einem Sieb gut ausdrücken und klein hacken.
In einer Schüssel Frischkäse, Eigelb und Mehl glatt mischen und mit dem Spinat zu einem Teig verrühren. Klein gewürfelten Speck dazumischen und mit den Gewürzen abschmecken.
Mit einem Teelöffel Nockerln aus dem Teig lösen und in einem großen Topf mit Salzwasser bei geschlossenem Deckel und mittlerer Hitze ca. 10 Minuten ziehen lassen.
Abgetropfte Nockerln in eine mit Butter gefettete Auflaufform geben, mit Butterflöckchen und geriebenem Käse bestreuen. Im vorgeheizten Backofen bei 200°C (Grillfunktion) ca. 5 Minuten gratinieren.

„So gangads aa“

Frühlings- und Sommerspinat ist auch roh als Salat verwendbar, Herbst- und Winterspinat immer kochen.

Um den leicht bitteren Geschmack abzumildern, kann der Spinat vor der Zubereitung blanchiert werden.

Chiemgau-Sterzerl

Lieblingsrezept von Thomas Sadler

Für 4 Portionen:

1 EL Suppenwürzl
(siehe Seite 159)
400 g Polentagrieß
80 g Speck
100 g Hartkäse
2 Knoblauchzehen
2 Eier
1 MSP Rosmarin
100 g Semmelbrösel
1 TL Schnittlauch
Öl, Salz, Pfeffer

Suppenwürzl in 1 l Wasser zum Kochen bringen. Polenta (Maisgrieß) unter ständigem Rühren in die Brühe einrieseln lassen und 10 Minuten unter Rühren köcheln lassen. Den Topf beiseite stellen und zugedeckt 15 Minuten ausquellen lassen.
Speck klein würfeln und 2 Minuten in heißem Öl kross anbraten. Käse fein reiben und Knoblauch klein hacken.
Die ausgekühlte Polenta mit Eiern, Speck, Käse und Knoblauch gut vermengen, mit Rosmarin, Salz und Pfeffer abschmecken.
Mit nassen Händen mittelgroße Kugeln formen und in den Semmelbröseln wälzen. Anschließend Öl in einer Pfanne erhitzen, Kugeln hinzu geben und mit einem Kochlöffel zu Talern flach drücken. Auf jeder Seite für 3-4 Minuten goldbraun braten. Mit Schnittlauch garnieren und warm servieren.

„Hosd des scho ghärt?"
Immer mehr Menschen bezahlen in den Landkreisen Rosenheim und Traunstein mit dem Regiogeld „Chiemgauer". Als alternative Geldform zielt sie darauf ab, dass die Wertschöpfung in der eigenen Region bleibt.

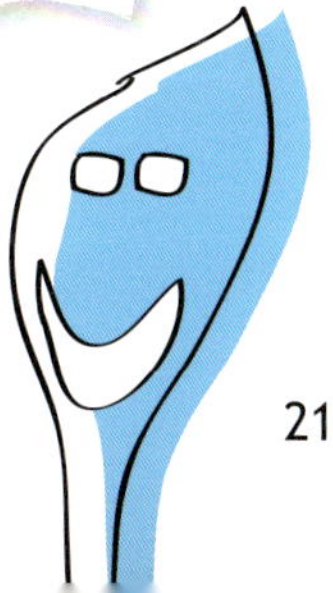

Sommer

Saibling-Spießerl

Der Sommer kann beginnen

Für 12 Spießerl:

400 g Saiblingfilet
80 g Cocktailtomaten
80 g Zucchini
80 g gelbe Paprika
Öl zum Braten
½ Bund Dill
Salz, Pfeffer
12 Holzspießchen

Die Saiblingfilets waschen und mit Küchenpapier trocken tupfen, ggf. Gräten mit einer Pinzette entfernen.
Die Filets längs mit einem scharfen Messer in ca. 2 cm dicke Streifen schneiden. Cocktailtomaten halbieren, Zucchini und Paprika jeweils in ca. 2x2 cm große Würfel schneiden.

Pro Holzspieß je ein Filetstreifen schlangenförmig aufspießen, dabei zwischen jede Windung ein Gemüse stecken. Zum Schluss nach Geschmack mit Salz und Pfeffer würzen.

Saibling-Spießchen in heißem Öl von allen vier Seiten für jeweils ca. 2-3 Minuten anbraten. Den Dill waschen, klein hacken und die fertigen Spießchen damit bestreuen.

„So gangads aa"
Die Spießchen lassen sich auch gut für einen schönen Grillabend vorbereiten. Dann auf einer Alufolie oder in eine Grillschale geben, sonst besteht die Gefahr, dass sie zu schnell verbrennen.

Chiemgaukorn

Julia Reimann & Stefan Schmutz

Der Name Chiemgaukorn ist auf einer Fahrt durch den Chiemgau entstanden und drückt damit genau das aus, worum es Julia Reimann und Stefan Schmutz geht: Um das volle Korn aus dem Chiemgau. Die junge Familie bewirtschaftet ihren Hof seit 2005. Für den ökologischen Landbau haben sich beide bereits während ihres Landwirtschaftsstudiums in Berlin interessiert. „Sie ist die nachhaltigere, interessantere und vielfältigere Landwirtschaft“, sagen sie überzeugt. Da lag der Schritt nahe, den eigenen Hof nach Bio-Richtlinien zu bewirtschaften. Für den Trostberger Stefan Schmutz, der für die Landwirtschaft verantwortlich ist, ist eine bodenschonende und pfluglose Arbeitsweise wichtig - immer auf der Suche nach neuen Herausforderungen. Julia Reimann, die ursprünglich ihre berufliche Zukunft in der Entwicklungsarbeit sah, ist auf dem Hof die Fachfrau für die Vermarktung der Produkte von Chiemgaukorn. Auf dem nördlich von Trostberg gelegenen Naturland-Betrieb wachsen eine Vielzahl von teils in Vergessenheit geratener Getreidearten und Ölsaaten, die die Kunden im Hofladen oder im Internetshop erhalten können: Neben Roggen, Hafer, Urdinkel und Weizen, auch alte Getreidearten wie Einkorn oder Emmer sowie Leindotter.

Eine köstliche Beilage ist auch der Dinkel- oder Emmerreis. Und „Bratlinge gehen damit besonders einfach und die essen auch unsere Kinder gern“, so die gebürtige Hamburgerin. Am Herzen liegt den beiden Agraringenieuren auch, dass sie wirklich Mehl von ihrem Getreide vom Müller bekommen. „Wir möchten das Getreide verkaufen, das auf unseren Feldern gewachsen ist, denn der regionale Bezug ist uns wichtig“.

Julia Reimann

Produktvielfalt

Hier sind wir daheim

Zwischenfrucht Kleegras

Urkornbratlinge

Lieblingsrezept von Familie Reimann & Schmutz

Für 30 Bratlinge:

100 g Perl-Dinkel
100 g Perl-Emmer
½ EL Suppenwürzl
(siehe Seite 159)
1 Knoblauchzehe
1 kleine Zwiebel
Etwas Schnittlauch
¼ Zucchini
¼ Paprikaschote
2 Eier
Öl, Salz, Pfeffer

Perl-Dinkel und -Emmer mit der Brühe zum Kochen bringen. Etwa 25 Minuten auf kleiner Flamme köcheln lassen. 10 Minuten ausquellen und dann abkühlen lassen.
Knoblauch und Zwiebeln klein hacken, Schnittlauch in Röllchen schneiden. Zucchini raspeln und Paprika sehr klein schneiden. Alle Zutaten mit dem Getreide und den Eiern vermischen. Mit Salz und Pfeffer würzen.
Aus der Mischung mit zwei Esslöffeln kleine Bratlinge formen und in die heiße Pfanne mit Öl hinein geben. Mit einem Löffel etwas andrücken. Bratlinge von beiden Seiten je 3-4 Minuten knusprig braten.
Für den Quark: Knoblauch fein hacken oder mit der Knoblauchpresse zerkleinern. Schnittlauch fein hacken. Mit allen weiteren Zutaten vermengen und abschmecken.

Für den Leindotterquark:
1 Knoblauchzehe
Etwas Schnittlauch
350 g Quark
2 EL Leindotteröl
Salz, Pfeffer

Auf die Plätze! Fertig! Los ins "Freimoos"! Die einladende Streuobstwiese ist Startpunkt einer erlebnisvollen Wanderung mit interessanten Schautafeln durch das Naturparadies zwischen Halfing und Amerang. Spezielle Aussichtspunkte laden zum Verweilen ein.

Paradiesäpfelsuppn

Lieblingsrezept von Eva Reichert

Für 4 Portionen:

1 kg reife Tomaten
50 ml Wasser
1 Lorbeerblatt
1 MSP Thymian
40 g Butter
2 gestr. EL Mehl
½ EL Suppenwürzl
(siehe Seite 159)
Frische Kräuter
Etwas Sahne
Öl, Salz, Pfeffer

Tomaten waschen und achteln. Wasser mit ½ TL Salz, dem Lorbeerblatt, Thymian und 1 EL Öl erhitzen, die Tomaten darin bei mittlerer Hitze ca. 20-30 Minuten gut weich kochen. Gelegentlich umrühren.

Die gekochten Tomaten durch einen Sieb passieren (ergibt ca. 700 ml). In einem Topf Butter schmelzen und mit Mehl eine helle Einbrenne zubereiten. Die passierten Tomaten dazufügen, gut rühren, damit keine Klümpchen entstehen. ½ l Wasser und Suppenwürzl dazufügen und nochmals aufkochen lassen.

Mit gehackten Kräutern, z.B. Petersilie, Basilikum oder Schnittlauch oder einem kleinen Klecks Sahne servieren.

Tipp: Als Einlage eignen sich gut die Goldwürfel (siehe Seite 47).

„So gangads aa"

Für eine „gschmackige" Suppe eignen sich am besten vollreife Tomaten. Da diese passiert werden, können auch Tomaten mit optisch nicht mehr ganz einwandfreier Schale Verwendung finden. Anstelle von Thymian schmecken auch Oregano, Majoran oder Salbei zu Tomaten.

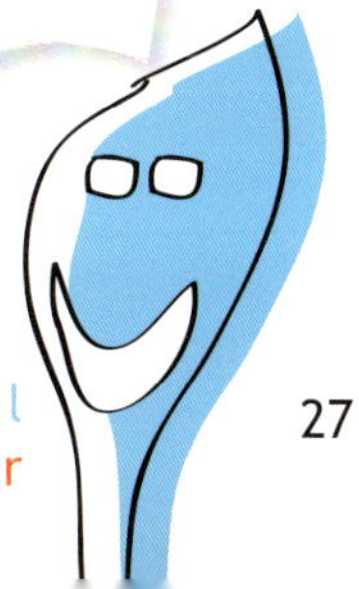

Siegsdorf-Tomaterl

Mit Käs und Kräuterl

Für 4 Portionen:

4 Fleischtomaten
Öl
2 Knoblauchzehen
Frischer Basilikum
200 g Mozzarella
Salz, Pfeffer

Backofen auf 200°C (Ober- und Unterhitze) vorheizen.

Vollreife Fleischtomaten halbieren und in eine mit Öl ausgestrichene Form setzen. Knoblauch und einige Basilikumblätter fein hacken. Aus Knoblauch, Basilikum, mehreren EL Öl, Salz und Pfeffer eine Marinade anrühren und die Tomaten damit beträufeln. Mozzarella in Scheiben schneiden und darauf legen. Das Ganze im Backofen 10-15 Minuten überbacken, bis der Käse geschmolzen ist.

Mit Basilikumblättern garnieren und mit frischem Weißbrot servieren.

„Hosd des scho ghärt?"

Das 1995 eröffnete Siegsdorfer Naturkunde- und Mammut-Museum verdankt seine Entstehung der Entdeckung von 40.000 Jahre alten Mammutknochen im Jahre 1975 im sog. Gerhartsreiter Graben. Das Museum vermittelt 250 Millionen Jahre Entwicklungsgeschichte Südostbayerns durch anschauliche Grundlagen zur Geologie und durch die ausgestellten Giganten der Eiszeit.

Fraueninsel

KARFIOLIS

Blumenkohl im Pfannkuchenteig

Für 4 Portionen:

Pfannkuchenteig
(siehe Seite 163)
1 Blumenkohl
Öl zum Ausbacken
200 g Sauerrahm
4 EL Schnittlauch
Salz, Pfeffer

Pfannkuchenteig (halbe Menge mit 125 ml Milch oder Bier) anrühren und mit Salz und Pfeffer gut würzen.

Den Blumenkohl in Röschen teilen, Strunk in Stücke schneiden und in kochendem Salzwasser ca. 5 Minuten blanchieren. Blumenkohl nicht zu weich kochen, er sollte noch ein wenig Biss haben.

Anschließend die Röschen durch den Teig ziehen und in heißem Fett ausbacken. Auf Küchenpapier abtropfen lassen.
Den Sauerrahm mit Schnittlauchröllchen und Salz verrühren und dazu reichen.

„So gangads aa"
Die gebackenen Karfiolis können auch sehr gut als Suppeneinlage verwendet werden. Größere Mengen ergeben eine Hauptspeise. Auch Brokkoli kann so zubereitet werden.

Auberginen-Röllchen

Gefüllt mit Schafskäse

Für 16 Röllchen:

2 Auberginen
2 Knoblauchzehen
100 ml Öl
1 kl. Zweig Rosmarin
350 g Schafskäse, nach Feta-Art
Salz
Evtl. 16 Salbeiblätter
32 Zahnstocher

Auberginen der Länge nach in ca. ½ cm dicke Scheiben schneiden (ca. 8 Scheiben), salzen und 15 Minuten ziehen lassen. Knoblauchzehen fein hacken und mit 2 MSP Salz in einen Mörser geben. Mit 1 TL Öl mischen und zu einer Paste verreiben. Kleingehackte Rosmarinnadeln und restliches Öl dazufügen.
Wasser zum Kochen bringen, die Auberginen darin 3 Minuten blanchieren, herausnehmen und zum Abkühlen beiseite stellen.
Schafskäse in rechteckige Stücke schneiden. Etwas vom Knoblauchöl auf einen Teller geben, darauf eine Auberginenscheibe legen, die Oberseite mit Öl beträufeln. Käsestück auf das breite Ende legen, evtl. ein Salbeiblatt darauf legen, aufrollen und mit zwei Zahnstochern fixieren. Auf dem Grill von jeder Seite ca. 2-3 Minuten grillen.

„Brobian geht üwa studian!“

Die Auberginen-Röllchen lassen sich für einen Grillabend gut vorbereiten.

Die Zahnstocher seitlich recht flach einstechen, so können die Röllchen beim Grillen besser gewendet werden.

Bleiben Auberginen und Öl übrig, alles miteinander vermischen, anbraten und als Antipasti genießen.

Ettendorfer Kircherl

Ettendorferl

Zucchinipuffer mit selbstgemachtem Ketchup

Für 4 Portionen:

1 mittelgroße Zucchini
1 Knoblauchzehe
1 Ei
Etwas Milch
Etwas Semmelbrösel
Öl zum Braten
Salz, Pfeffer
Selbtsgemachtes Ketchup (S. 157)

Die Zucchini grob raspeln und den Knoblauch pressen oder fein hacken. Zusammen mit dem Ei, der Milch und den Semmelbröseln gut verrühren, mit Salz und Pfeffer würzen. Dann 30 Minuten ziehen lassen.

Öl in einer Pfanne erhitzen. Mit einem Esslöffel kleine Nockerln in das heiße Fett setzen, etwas flach andrücken und bei mittlerer Hitze von beiden Seiten anbraten.

Auf Küchenpapier abtropfen lassen und mit selbstgemachtem Ketchup servieren.

„Hosd des scho ghärt?"
Bekannt ist das Ettendorfer Kircherl als Ziel des jährlich stattfindenden Traunsteiner Georgiritts. Unmittelbar neben Ettendorf liegt der Ort Hufschlag mit dem ehemaligen Wohnhaus Papst Benedikt XVI.

Herbst

Papkü-Suppn

Paprika-Kürbis-Suppn

Für 4 Portionen:

Öl zum Braten
1 mittelgroße Zwiebel
2 Knoblauchzehen
1 MSP Muskat
1 l Brühe (siehe Seite 159/160)
400 g Kürbis
1 rote Paprika
1 mittelgroße Kartoffel
100 ml Sahne
50 g kalte Butter
Salz, Pfeffer

Öl in einem Topf erhitzen und die fein gehackten Zwiebeln bei milder Hitze ca. 3 Minuten glasig dünsten. Klein geschnittenen Knoblauch und Muskat unter ständigem Rühren dazugeben und kurz anrösten. Mit Brühe ablöschen und zum Kochen bringen.
Zwischenzeitlich Kürbis aufschneiden und ggf. schälen (beim Hokkaidokürbis nicht notwendig), grob würfeln und in die Brühe geben. Paprika vierteln, mit einem Schäler von der Haut befreien und klein schneiden. Mit der geschälten und gewürfelten Kartoffel zur Brühe geben. Zugedeckt bei mittlerer Hitze ca. 15-20 Minuten weich köcheln lassen.
Die Sahne zugeben und fein pürieren. Zum Schluss die kalte Butter hineinmischen und nochmals kurz erhitzen. Mit Salz und Pfeffer abschmecken.

„So gangads aa"
Probieren Sie die Suppe mit verschiedenen Kürbissorten: Muskatkürbis, Butternut oder Violetta. So erhalten Sie ganz individuelle Geschmacksnuancen.

Luftkurort Seebruck:

Blick Richtung Süden über den Hafen. Ausgangsort für Schifffahrten nach Chieming, Feldwies, Bernau, Prien, Gstadt sowie zur Frauen- und Herreninsel.

Chiemseeb(r)oote

Mit Spinat, Tomate und Schafskäse

Für 4 Portionen:

200 g Spinat
2 Zwiebeln
4 Tomaten
1 Knoblauchzehe
Öl zum Braten
200 g Schafskäse, nach Feta-Art
Rosmarin, getrocknet
4 Scheiben Brot
Salz, Pfeffer

Backofen auf 200°C (Ober- und Unterhitze) vorheizen.
Spinat waschen und klein schneiden. Anschließend kurz blanchieren und unter kaltem Wasser abschrecken. Zwiebeln klein würfeln und in Öl anschwitzen. Gewürfelte Tomaten und kleingeschnittenen Knoblauch dazugeben und 5 Minuten garen. Den Spinat unterheben und alles mit Rosmarin, Salz und Pfeffer würzen.

Vier ganze Brotscheiben mit der Spinat-Tomaten-Masse bestreichen und den Schafskäse in groben Stücken darüber bröseln. Im vorgeheizten Backofen direkt auf dem Rost ca. 10 Minuten überbacken.

„Hosd des scho ghärt?"
Seebruck entstand auf dem ehemaligen römischen Stützpunkt Bedaium ab ca. 50 n. Chr. Ausgrabungen und historische Fundstücke sind im gleichnamigen Museum „Bedaium" in Seebruck zu bestaunen.

LAMMLEBER

Gebraten mit feinen Äpfeln

Für 4 Portionen:

1 Lammleber
3-4 Zwiebeln
2 Äpfel
1 Zweig Rosmarin
Öl zum Braten
Salz, Pfeffer

Lammleber abwaschen, trockentupfen und in ca. 1 cm dicke Scheiben schneiden. Die Zwiebeln schälen und in dünne Ringe schneiden. Das Kerngehäuse der Äpfel entfernen (geht gut mit einem Apfelausstecher) und ebenfalls in dünne Scheiben schneiden. Die Rosmarinnadeln abzupfen und fein hacken.

Öl in einer Pfanne bei mäßiger Temperatur erhitzen und die Zwiebelringe für ein paar Minuten anschwitzen. Dann die Leber auf die Zwiebeln legen und ca. 2 Minuten braten. Die Scheiben wenden, dann den Rosmarin über die Leber streuen und die Apfelringe darüber geben. Bei geschlossenem Deckel die Leber nochmals 3-4 Minuten braten. Am Ende mit Salz und Pfeffer würzen.

„Hosd des gwusst?“

Leber immer erst zum Ende der Garzeit salzen, sonst wird sie hart.

Maria Eck

Maria-Ecken

Aus Kürbis und Zucchini

Für 4 Portionen:

- ½ Zwiebel
- 50 g Speck
- 200 g Kürbis
- 2 mittelgr. Zucchini
- 2 Karotten
- 100 g Käse
- 1 EL Öl
- 50 g Mehl
- ½ TL Backpulver
- 3 Eier
- Salz, Pfeffer

Zwiebel fein hacken, Speck fein würfen. Kürbis, Zucchini und Karotten raspeln und den Käse fein reiben. Backofen auf 160°C (Umluft) vorheizen.
Öl in einer Pfanne erhitzen, Zwiebeln und Speck anschwitzen und auf Küchenpapier abtropfen lassen. Gemüse, Käse, Mehl und Backpulver in einer Schüssel vermischen. Zwiebeln und Speck dazugeben. Die Eier leicht mit einer Gabel aufschlagen und unterrühren.

Ein tiefes Backblech mit Backpapier auslegen und die Masse darauf verteilen. In 30 Minuten fest und goldgelb backen. Kuchen in Rauten schneiden. Warm oder lauwarm mit Salat (z.B. Tomatensalat) und Brot servieren.

„Hosd des scho ghärt?"
Maria Eck ist einer der bedeutendsten Wallfahrtsorte Bayerns. Der Sage nach sind Anfang des 17. Jh. Holzfällern drei Lichter über dem Wald erschienen, worin sie die göttliche Dreifaltigkeit sahen.Sie errichteten ihr zu Ehren drei Altäre.

Winter

Wintersonne

Krautinsel-Salat

Warm und gschmackig – nach einem altbayerischen Rezept

Für 4 Portionen:

750 g Weißkraut
Kümmel
80 g Speck
1 Zwiebel
50 ml Essig
50 ml Wasser
Salz

Die äußeren Blätter vom Weißkraut entfernen, dann den Krautkopf halbieren. Kraut hobeln oder einzelne Blätter vom Strunk lösen, waschen, grobe Mittelrippe herausschneiden, zusammenrollen und fein schneiden.
Kraut mit Salz und Kümmel würzen, durchmischen und eine Stunde ziehen lassen. Gelegentlich umrühren.

Speck und Zwiebeln klein würfeln. Speck in eine kalte große Pfanne geben, erhitzen und bei nicht allzu hoher Temperatur etwas anlaufen lassen. Dann die Zwiebeln hinzu fügen und mitdünsten, bis sie gelb werden. Essig und Wasser zugeben, darin das Kraut einige Minuten dünsten bis es leicht zusammen fällt. Nochmals abschmecken und servieren.

„Hosd des gwusst?"
Die Krautinsel ist eine der kleinsten Inseln im Chiemsee. Früher bauten Nonnen hier Gemüse an, woraus sich der Name dieser Insel ableitet.

Bayerische Biersuppn

Mit Kasbrot-Scheiben

Für 4 Portionen:

4 mittelgr. Zwiebeln
1 EL Butter
150 ml dunkles Bier
1 l Brühe (siehe Seite 159/160)
Salz, Pfeffer

4 Brotscheiben
100 ml dunkles Bier
1 EL Butter
80 g Hartkäse

Kleingewürfelte Zwiebeln in Butter in einem großen Topf glasig andünsten. Mit dem Bier ablöschen, 3 Minuten köcheln lassen, dann die Brühe dazugeben. Bei niedriger Hitze ca. 15 Minuten köcheln lassen und mit Salz und Pfeffer abschmecken.

Zwischenzeitlich das Bier in einen flachen Teller geben und die Brotscheiben von beiden Seiten tränken, dabei nicht zu nass werden lassen. Abtropfen und in heißer Butter in einer Pfanne ca. 2 Minuten pro Seite anbraten. Käse reiben und auf den heißen Brotscheiben verteilen. In einer Schüssel oder auf einem Teller anrichten und zu der Biersuppe servieren.

Die Bayernhymne

Gott mit dir, du Land der Bayern,
deutsche Erde, Vaterland!
Über deinen weiten Gauen
ruhe Seine Segenshand!

Er behüte deine Fluren,
schirme deiner Städte Bau
Und erhalte dir die Farben
Seines Himmels, weiß und blau!

Bruiserl

Altbayerische Kartoffelsuppn

Für 4 Portionen:

400 g Kartoffeln
150 g Knollensellerie
1 Karotte, 1 Pastinake
½ Stange Lauch
3 Zwiebeln
2 Knoblauchzehen
1 l Brühe (S. 159)
150 g Schmand
Kümmel, Majoran
Öl, Salz, Pfeffer

Kartoffeln, Knollensellerie, Karotte und Pastinake schälen und würfeln, Lauch der Länge nach halbieren, waschen und klein schneiden. Zwiebeln und Knoblauch fein würfeln. Zwiebelwürfel in 3 EL Fett anschwitzen, dann das Gemüse, Knoblauch und Kümmel zufügen und bei guter Hitze andünsten. Mit Salz und Pfeffer würzen, Brühe (oder Wasser) angießen. Sobald die Suppe kocht auf kleiner Flamme 20 Minuten köcheln lassen.
Die Suppe pürieren, es darf ein bisschen stückig bleiben, und mit Schmand, Majoran, Pfeffer und Salz abschmecken.

Kümmel am besten frisch gemahlen verwenden oder im Mörser ein bisschen anstoßen, so entfaltet sich die wohltuende und aromatische Wirkung besonders gut.

„Hosd des gwusst?"
Altbayern umfasst weitgehend die Regierungsbezirke Oberbayern, Niederbayern und Oberpfalz und somit die drei ältesten Landesteile des Freistaates Bayern, die früher Bestandteile des Kurfürstentums Bayern waren.

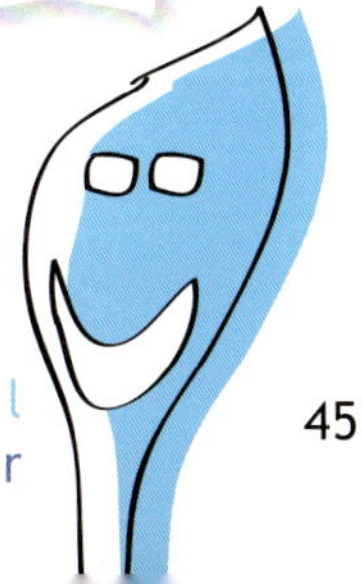

Sauerkrautsuppn

A Gsundheitssuppn

Für 4 Portionen:

2 Zwiebeln
2 kleine Äpfel
1 Kartoffel
2 EL Butter
400 g Sauerkraut
(siehe Seite 158)
1 l Brühe (S. 159)
1 Lorbeerblatt
½ TL gem. Kümmel
Wacholderbeeren
150 ml Sahne, Salz

Fein gehackte Zwiebeln und geschälte, klein gewürfelte Äpfel in einem Topf mit 1 EL heißer Butter andünsten. Kartoffel schälen, würfeln, mit dem Sauerkraut und der Apfel-Zwiebelmasse kurz anbraten. Dann mit der Brühe ablöschen. Lorbeerblatt, Kümmel und Wacholderbeeren nach Belieben hinzugeben, mit Salz abschmecken. Bei niedriger Hitze und geschlossenem Deckel 1 Stunde köcheln lassen. Bei bereits länger eingelegtem Kraut verringert sich die Kochzeit auf 30 Minuten.

Anschließend Sahne und restliche Butter dazumischen, das Lorbeerblatt und Wacholderbeeren herausnehmen und die Suppe mit dem Mixer fein pürieren. Zum Schluss die Suppe durch ein Sieb passieren und anrichten. Dazu passen frisch angeröstete Brotcroûtons. Tipp: nach Belieben mit Pfeffer würzen.

„Hosd des gwusst?"

Aus eingesalzenem und gestampftem Weißkraut, eingelagert in großen Tontöpfen oder auch in Gläsern, entsteht nach einigen Tagen bis Wochen durch die sog. Milchsäuregärung das beliebte Sauerkraut.
Durch den hohen Mineralstoff- und insbesondere Vitamin C-Gehalt fehlten früher auf keiner Seeüberfahrt große Fässer mit Sauerkraut, um der gefürchteten Mangelerkrankung Skorbut vorzubeugen.

Juchu!

Hüttenzauber

Goldwürfelsuppe

Für 4 Portionen:

100 g getrocknete Brotwürfel oder 2 altbackene Semmeln
2 Eier
4 EL Milch
1-2 EL Butter oder Butterschmalz
1 l Brühe (siehe Seite 159/160)
Muskat, Petersilie
Salz, Pfeffer

Semmeln in gleichgroße Würfel schneiden. Die Eier mit der Milch gut verquirlen, mit Salz würzen. Darin die Brot- oder Semmelwürfel 30 Minuten ziehen lassen und häufig umrühren. Darauf achten, dass die Würfel noch ihre Form behalten.
Dann die Butter oder das Butterschmalz erhitzen und die Würfel goldbraun und knusprig braten. Die Brühe erhitzen, mit Salz, Pfeffer sowie Muskat abschmecken. Die Goldwürfel auf Teller verteilen, mit heißer Brühe angießen und mit gehackter Petersilie garnieren.
Tipp: Die Goldwürfel eignen sich auch gut als Einlage für die Paradiesäpfelsuppe (siehe Seite 27).

„Hosd des gwusst?"
Wenn Sie merken, dass Brot hart wird, schneiden Sie doch daraus Würfel und lassen diese auf einem Teller trocknen. Dann können sie in einem luftdichten Gefäß aufbewahrt und bei Bedarf als Croutons für Salate, als Suppeneinlage oder wie hier beschrieben genoßen werden.

Trostbergerl

Karotten-Kartoffel-Puffer mit Kräuter-Dip

Für 4 Portionen:

250 g Kartoffeln, vorwiegend festk.
250 g Karotten
100 g Walnüsse
2 Eier
60 g Mehl
1 EL Petersilie
Öl zum Braten
Salz, Pfeffer
2 EL Frischkäse
1 EL Schnittlauch

Kartoffeln und Karotten schälen, waschen und grob raspeln. Walnüsse klein hacken. Eier mit den Raspeln, Walnüssen, Mehl und der gehackten Petersilie vermengen. Mit Salz und Pfeffer abschmecken und ca. 5 Minuten stehen lassen.
In der Zwischenzeit für den Dip den Frischkäse mit kleingehacktem Schnittlauch vermischen und mit Salz und Pfeffer abschmecken.

Aus der Kartoffelmasse mit einem Esslöffel Puffer formen und mit einem zweiten Löffel die Puffer in eine Pfanne mit heißem Öl abstreifen lassen. Gegebenenfalls die Puffer mit dem Löffel ein wenig zusammendrücken. Auf jeder Seite je ca. 3-4 Minuten goldgelb braten. Anschließend kurz auf einem Küchenpapier abtropfen lassen. Noch warm mit dem Kräuter-Dip servieren.

„Hosd des gwusst?"

Das gemütliche Städtchen Trostberg an der Alz verfügt über ein historisches Zentrum, das im „Inn-Salzach-Stil" erbaut wurde. Dabei bilden mehrere Häuser durch Scheingiebel ein geschlossenes Fassadenbild.
Die Themenbereiche nach dem Motto „Lebendige Vergangenheit" des Trostberger Stadtmuseums umfassen u.a.: Wohnkultur der vergangenen vier Jahrhunderte, bäuerliche Lebensart, regionale Handwerkskunst, altes Spielzeug.

Wurzel-Carpaccio

A warms Winterschmankerl

Für 4 Portionen:

2 mittelgroße Rote Bete
1 kl. Sellerieknolle
1 Pastinake
2 Petersilienwurzeln
4 Karotten
Öl, Essig
Salz, Pfeffer

Die Rote Bete waschen und mit Schale ca. 30 Minuten bei geschlossenem Deckel kochen. Das restliche Wurzelgemüse schälen und im Ganzen in einem zweiten Topf ca. 20 Minuten gar kochen. Den Kochsud beiseite stellen.

Das gekochte Gemüse abtropfen lassen, die Rote Bete schälen und anschließend alles Gemüse in sehr dünne Scheiben schneiden oder fein hobeln.

Auf einem Teller noch warm anrichten und mit einer einfachen Vinaigrette aus Öl, Essig, Salz und Pfeffer anmachen.

„Brobian geht üwa studian!"
Der Kochsud des Wurzelgemüses schmeckt wunderbar und kann Grundlage für Suppen oder Saucen sein.
Tipp: Kochen Sie gleich ein paar mehr Rote Bete, das spart Energie und man kann aus den übrigen z.B. einen schönen Rote Bete Salat machen (siehe Seite 122).

A gscheit's Essen ist existenziell. Happen für Happen zum glücklichen Dasein – und immer mit Heiterkeit und Genuss als ständige Begleiter. Ob mit oder ohne Gabel. Also sei heiter und iss gscheiter!

Wos Gscheit's

Hauptspeisen

Frühling

Maibaum in Rimsting

Frühlingspute

Gschmorte Putenkeule auf Wurzelgmias

Für 4 Portionen:

2 Zwiebeln
1 Bund Suppengemüse
4 Putenunterkeulen
oder 2 Putenoberkeulen
1 EL Honig
1 EL Tomatenmark
(siehe Seite 157)
350 ml Hühnerbrühe
(siehe Seite 160)
50 g Butter
1 Knoblauchzehe
1 Lorbeerblatt
2 Thymianzweige
Öl, Salz, Pfeffer

Zwiebeln und Suppengemüse würfeln und in einem Bräter in 1 EL Öl anbraten. Das Gemüse herausnehmen. In etwas Öl die Putenkeulen von allen Seiten hellbraun anbraten und herausnehmen. Honig im Bräter erwärmen, Tomatenmark zugeben und etwas anrösten. Mit der Brühe ablöschen und einreduzieren. Das gebratene Gemüse in den Bräter geben und Putenkeulen auf das Gemüse legen.

Backofen auf 160°C (Ober- und Unterhitze) vorheizen.

Butter in einem kleinen Topf schmelzen, mit Salz und Pfeffer würzen und damit die Keulen bepinseln.

Die Keulen im Bräter ca. 1½-2 Stunden garen. Die Keulen auf ein Backblech legen und bei 200°C (Ober- und Unterhitze) ca. 10 Minuten bräunen. In der Zwischenzeit den Knoblauch fein hacken und zusammen mit dem Lorbeerblatt und den Thymianzweigen zum Gemüse geben. Die Sauce auf dem Herd reduzieren lassen und mit Salz und Pfeffer abschmecken. Zusammen mit Salzkartoffeln servieren.

Bio-Imkerei Barthuber

Erich Barthuber

Die Bio-Imkerei Barthuber liegt am Hartmannsberg bei Bad Endorf. Man erkennt sofort die Naturverbundenheit im liebevoll gestalteten Gartenidyll hinter dem Wohnhaus von Erich Barthuber. Hier haben einige der rund 70 Bienenvölker ihre Heimat gefunden. Bereits 1980 hatte Erich Barthuber mit dem Imkern und der Bienenzucht begonnen. Dieses Hobby stellte er jedoch nach der Geburt seiner drei Kinder zurück. Viele Jahre später entdeckte er mit seinem Sohn Vincent die Leidenschaft für die Imkerei wieder. Im Rahmen eines Schulprojektes baute der damals 14-Jährige zusammen mit seinem Vater ein Bienenvolk auf. Seitdem imkern Vater und Sohn gemeinsam: „Wir lieben unsere Bienen", sagt Vincent Barthuber. Mittlerweile hat er eine Imkerlehre bei einem Bio-Imker in Hessen begonnen und ist für verschiedene Standorte in Deutschland zuständig, z.B. entsteht im Werra-Tal der Kirschblütenhonig, in Potsdam der Lindenblütenhonig oder an der Saale der Akazienhonig. In der bayerischen Heimat ist Erich Barthuber für Sorten wie den stark witterungsabhängigen Frühjahrsblütenhonig oder auch den Wildblütenhonig und den Waldhonig verantwortlich. Dass sie sich für die Bio-Imkerei entschlossen haben, stand außer Frage. „Wir möchten den Bienen in ihrem natürlichen Lebensraum abwechslungsreiche Nahrung in Form eines reichhaltigen Blütenangebotes bieten. Und so naturbelassen wie möglich imkern, da lag der Schritt zur Bio-Zertifizierung einfach nahe", so der gelernte Landwirt. Die vielfältigen Honige erhalten die Kunden direkt bei Erich Barthuber oder übers Internet sowie in vielen Chiemgauer Naturkostläden.

Bienenstock

Königin mit Volk

Erich Barthuber

Blumenidyll

Honighendl

Lieblingsrezept vom Erich Barthuber

Für 4 Portionen:

4 Hähnchenkeulen
60 g Butter
200 g Honig
50 g Ketchup
(siehe Seite 157)
1 TL Senf
1-2 TL Curry
Salz, Pfeffer

Hähnchenkeulen unter kaltem Wasser abspülen und trockentupfen. Butter, Honig, Ketchup und Senf mischen. Mit Salz und Pfeffer würzen und kurz aufkochen. Die Keulen in eine Auflaufform geben und die Honigsauce gleichmäßig darauf verteilen. Bei 175°C (Umluft) etwa 40 Minuten im Backofen garen. Nach Ablauf der Backdauer auf Grillfunktion umstellen und die Keulen weitere 10 Minuten goldgelb grillen.

Mit Weißbrot und knackigem Frühlingssalat servieren.

„Hosd des gwusst?"
Bei der Ernte ist jeder Honig flüssig. Der im Honig enthaltene Traubenzucker kristallisiert in der darauffolgenden Zeit aus, der Honig wird fest – ein ganz natürlicher Vorgang. Überwiegt der Fruchtzucker, bleibt der Honig flüssig.

Schmugglergut

Spinatknedl – ganz legal

Für 4 Portionen:

300 g altes Weißbrot
250 ml Milch
800 g Spinat
100 g Butter
1 Knoblauchzehe
1 Zwiebel
2 Eier
1 EL Mehl
2 EL Semmelbrösel
50 g Hartkäse
Muskat, Salz, Pfeffer

Das Weißbrot klein würfeln und mit so viel lauwarmer Milch übergießen wie es aufnehmen kann. Spinat in Salzwasser blanchieren, ausdrücken und klein schneiden.

20 g Butter zerlassen, Knoblauch und klein gehackte Zwiebeln darin anschwitzen. Spinat zugeben und 5 Minuten dünsten. Spinatmasse und Eier zum Brot geben und gut vermischen. Mit Salz, Pfeffer und Muskat würzen. Mehl und Semmelbrösel zugeben und Masse kurz ziehen lassen. Anschließend kleine Knödel formen. In Salzwasser ca. 15 Minuten leicht köcheln lassen.

Den Käse reiben und restliche Butter in einem Topf zerlassen. Anschließend die Knedl mit Käse bestreuen und mit zerlassener Butter servieren.

„Hosd des gwusst?"

Der Schmugglerweg, ein beliebter Wanderweg für die ganze Familie (ca. 3 Stunden), beginnt am Parkplatz der Geigelstein-Seilbahn in Schleching-Ettenhausen. Mitarbeiter des preisgekrönten EU-Projektes „Ökomodell Achental" führen Wanderer auf dem Schmugglerweg. Die Projekte des Ökomodell Achental e. V. beweisen seit Jahrzehnten, dass der Dreiklang Tourismus, Landwirtschaft und Naturschutz sich sinnvoll ergänzen können.

Emmer-Risotto

Bella Italia im Chiemgau

Für 4 Portionen:

400-500 ml Brühe
(siehe Seite 159/160)
1 Zucchini
1-2 Knoblauchzehen
125 g Mozzarella
4 EL Öl zum Braten
200 g Perl-Emmer
30 g Butter
Leindottersamen
Petersilie
Salz, Pfeffer

Brühe erhitzen. Zucchini in Würfel schneiden, Knoblauch fein hacken. Mozzarella ebenfalls würfeln.
Öl in einer Pfanne erhitzen und Perl-Emmer bei mittlerer Hitze anschwitzen. Nach und nach die heiße Gemüsebrühe angießen, so dass der Perl-Emmer gerade bedeckt ist. Flüssigkeit unter ständigem Rühren einkochen lassen. Immer wieder Flüssigkeit zufügen. Nach ca. 10 Minuten die Zucchiniwürfel zufügen. So lange heiße Brühe angießen, bis der Perl-Emmer gar ist, aber noch Biss hat. Zum Schluss Knoblauch, kalte Butter und Mozzarella untermischen, mit Salz und Pfeffer würzen und nochmals kurz durchziehen lassen, bis der Käse leicht schmilzt.
Mit Leindottersamen und gehackter Petersilie garnieren.

„So gangads aa"
Als Variation können Sie gekochte Beluga-Linsen (Linsen separat kochen) am Ende unter das Emmer-Risotto mischen.

Radeln im Chiemgau: Mit dem flächendeckenden Fahrradverleih-System "Chiemgauer Rückenwind"® steht der Radllust nichts mehr im Weg. Für Genussradler, Tourenradler und Mountainbiker. Und danach einfach Wos Gscheit's genießen.

Gröstl-Blume

Aus Servietten-Brezenknödeln

Für 4 Portionen:

300 g altbackene Brezen
2 Stoffservietten
Bratenschnur

8 Eier
Öl zum Braten
Petersilie
Salz, Pfeffer

Aus den altbackenen Brezen einen Semmelknödelteig zubereiten (siehe Seite 162). Den fertigen Knödelteig halbieren und jede Hälfte auf eine angefeuchtete Serviette legen, zu einer Rolle formen und einwickeln. Die Enden mit Bratenschnur zubinden. Die Knödelrollen in siedendem Salzwasser etwa 20 Minuten ziehen lassen.
Rollen aus dem Wasser nehmen, auswickeln und in Scheiben schneiden. Eier verquirlen und mit Salz und Pfeffer würzen. Öl in einer Pfanne erhitzen, Knödelscheiben anbraten, die verquirlten Eier darübergießen und stocken lassen. Wenden und die andere Seite anbraten. Einzelne Portionen nach und nach zubereiten und im Backofen warm halten. Mit gehackter Petersilie garnieren.

„So gangads aa"
Zu der Gröstl-Blume passt gut ein Karotten- oder Blattsalat. Welcher Salat gerade Saison hat, erfahren Sie im Chiemgauer Saisonkalender ab Seite 181.

KIENBERGERL

Grießnockerln überbacken

Für 4 Portionen:

½ l Milch
100 g Grieß
20 g Butter
1 Ei
150 g Schnittkäse
Butter für die Form
Muskat
Salz, Pfeffer

Milch in einem Topf zum Kochen bringen. Den Grieß langsam unter Rühren einrieseln lassen. Den sehr dicken Grießbrei mit Butter, Muskat, Salz und Pfeffer abschmecken. Brei etwas abkühlen lassen, dann das Ei unterrühren. Beiseite stellen und erkalten lassen.

In der Zwischenzeit den Käse fein reiben. Anschließend aus je einem gehäuften Esslöffel Brei ein Nockerl formen und in eine gefettete Auflaufform geben. Den Käse über die Nockerln geben und bei 160°C (Umluft) etwa 20 Minuten überbacken.

Tipp: Im Frühling mit einem Salat, z.B. Kohlrabisalat (siehe Seite 101) genießen, im Sommer passt zu den Grießnockerln eine fruchtige Tomatensauce.

„Hosd des gwusst?“

Einen Blick in das bäuerliche Leben in Kienberg zu Beginn des 20. Jahrhunderts bietet eindrucksvoll das Bauernhausmuseum „Mörner an der Mörn“. Das Bauernhaus wurde 1743 errichtet und 1993 restauriert. Zu besichtigen sind nach telefonischer Absprache (Tel: 08628/758) u.a. Mobiliar, Handwerkszeug, Hausrat und Kleidung, alles liebevoll von den Eigentümern Anna und Andreas Schachner gesammelt.

Kampenwand

KAMPEN-ECHO

Der Kartoffelberg ruft!

Für 4 Portionen:

1 kg Kartoffeln
50 g Butterschmalz
150 g Ziegenjoghurt
150 g Ziegenfrischkäse
Muskat
Petersilie
Salz, Pfeffer

Kartoffeln ungeschält kochen und noch heiß pellen.

Die Kartoffeln in dünne Scheiben schneiden. Butterschmalz in einer Pfanne erhitzen, die Kartoffeln darin knusprig anbraten und mit Muskat, Salz und Pfeffer würzen. Joghurt und 100 g Frischkäse unter die Kartoffeln mischen.
Die Kartoffelmischung in einer feuerfesten Form auftürmen, den restlichen Frischkäse darüber geben und bei 200°C (Ober- und Unterhitze) 15-20 Minuten überbacken. Mit gehackter Petersilie garnieren.

„Hosd des scho ghärt?"
„I gangad gern auf'd Kampenwand (Wanderweg, Hohenaschau), wan i mit meiner Wamp'n kannt (Kampenwandbahn, Hohenaschau)". Die dreigezackte Kampenwand (1669 m) bietet ein abwechslungsreiches Wanderparadies, u.a. den Panoramaweg mit Blick auf Chiemsee und die Zentralalpen.

Sommer

Kartoffelkuchen

Mit roten Zwiebeln und Tomaten

Für 1 Springform (Ø 28 cm):

300 g Kartoffeln
8 EL Öl
4 Eier
125 g Quark
3 EL Wasser
200 g Mehl
½ TL Backpulver
2 rote Zwiebeln
1 Knoblauchzehe
1 Rosmarinzweig
5-6 kleine Tomaten
Salz, Pfeffer

Kartoffeln mit Schale kochen. Springform mit 2 EL Öl einfetten. Eier trennen. Das Eigelb beiseite stellen.
Quark mit Wasser, 4 EL Öl, dem Eiweiß und ½ TL Salz vermischen. Mehl und Backpulver dazufügen und gut vermengen. In die Springform geben und einen Boden mit Rand formen.
Backofen auf 180°C (Umluft) vorheizen. Kartoffeln pellen und in Scheiben schneiden. Zwiebeln in Halbmonde schneiden, Knoblauch und Rosmarinnadeln hacken.
2 EL Öl in einer Pfanne erhitzen, Zwiebeln andünsten, Kartoffeln einige Minuten mitbraten. Mit Salz, Pfeffer, Knoblauch und Rosmarin würzen.
Füllung auf den Teig geben, halbierte Tomaten verteilen und 25 Minuten (mittlere Schiene) backen.
Eigelb glatt rühren und auf den Kuchen träufeln, weitere 5 Minuten backen.

„Hosd des gwusst?"
Zu diesem Gericht passen am besten „speckige" Kartoffeln. Speckige Kartoffeln sind festkochend und verfügen über einen niedrigen Stärkegehalt. Sie bleiben beim Kochen ganz und werden auch gerne für Salate verwendet.

Bio-Hof Klauser

Rita & Josef Klauser

Es gibt viel zu tun auf dem Bio-Hof Klauser. Heutzutage packen die Eltern sowie die zwei Söhne und deren Familien mit an - ein echter Familienbetrieb. Als es aber in den 80er Jahren darum ging, den Betrieb weiterzuführen, konnte maximal eine Familie von der Landwirtschaft leben. Aus der aktiven Umweltbewegung und aus der Überzeugung heraus, unabhängig von „den Langhälsen der Agrarindustrie Bauern zu bleiben“, so Josef Klauser, entschieden sie sich für den Öko-Landbau. Ludwig Paul, ein Schüler Rudolf Steiners, gab ihnen den Rat, sich umzuschauen, was die Kollegen nicht machen, um sich genau hier ihre Marktnische zu suchen. So haben sie sich dann für die Bio-Hühnerhatung entschieden. Hühner gab es schon immer auf dem elterlichen Hof von Josef Klauser. Die damals 100 Hühner haben sich von Jahr zu Jahr verdoppelt und heute legen bis zu 6000 Hühner, aufgeteilt in drei Herden, auf dem seit 1986 bio-zertifizierten Hof (fast) jeden Tag ein Ei. Bedächtig klopft Josef Klauser an die Stalltür, dann weiß das zutrauliche Federvieh Bescheid und erschrickt nicht. Das Getreidefutter mit schmackhaften Kräutern kommt vom eigenen Hof. Die Hühner haben genügend Grünauslauf und können sich ihrer Natur entsprechend Nester bauen. Wichtig ist den Klausers auch, dass die Wertschöpfung in der Region bleibt. Daher verkaufen sie ihre eigenen Erzeugnisse wie Eier, Kartoffeln, Suppenhühner oder Brot- und Backwaren aus der hofeigenen Backstube im Hofladen. Für den ist Rita Klauser verantwortlich. „Der, der hinter der Theke steht, muss auch kochen können“, so lachend die gelernte Hauswirtschafterin. Denn ihre Kunden wollen es genau wissen.

Eingang zum Hofladen

Gespräch unter vier Augen

Posieren fürs Foto

Im Hofladen

Hühnerfrikassee

Lieblingsrezept von Rita & Josef Klauser

Für 4 Portionen:

1 Suppenhuhn
1 Zwiebel
1 Paprika, rot
30 g Butter
30 g Mehl
4 EL Sahne
Petersilie, Lauchzwiebeln
Salz, Pfeffer

Hühnerbrühe aus einem Suppenhuhn wie auf Seite 160 beschrieben zubereiten.
Fleisch in mundgerechte Stücke schneiden und beiseite stellen.
Zwiebel und Paprika würfeln. Butter in einer Pfanne erhitzen, die Zwiebel darin glasig dünsten, Paprikawürfel zufügen. Nach einigen Minuten das Mehl darüber stäuben und kurz rösten. Mit ½ Liter abgekühlter Brühe ablöschen und gut rühren. Fleisch vom Suppenhuhn zugeben und Sauce etwas einköcheln lassen. Mit Sahne, Salz und Pfeffer abschmecken und mit gehackter Petersilie oder Lauchzwiebeln garnieren.

Dazu schmecken Nudeln oder gekochte Kartoffeln.

„Hosd des gwusst?"
Die Hühnerbrühe dient als Grundlage für andere Suppen, z.B. Goldwürfelsuppe (siehe Seite 47) oder Biersuppe (siehe Seite 44).

Eine Hühnerbrühe ist als Stärkung insbesondere nach überstandener Erkältung oder Grippe zu empfehlen.

Gemüse-Tagliatelle

Schnell zubereitet

Für 4 Portionen:

500 g Tagliatelle
6 Tomaten
1 Zucchini
2 Zwiebeln
2 Knoblauchzehen
3 EL Öl
1 EL Suppenwürzl
(siehe Seite 159)
Etwas Chili
Salz, Pfeffer

Die Nudeln in Salzwasser al dente kochen, dann abgießen.
In der Zwischenzeit die Tomaten kurz in heißes Wasser legen und häuten, anschließend in Würfel schneiden. Zucchini klein schneiden. Die Zwiebeln und den Knoblauch fein hacken und in heißem Öl anschwitzen. Tomaten, Zucchini und Suppenwürzl zugeben und etwa 10 Minuten köcheln lassen. Mit Chili, Salz und Pfeffer abschmecken. Nudeln unter die Sauce mischen, nochmals kurz erwärmen und servieren.

Tipp: Mit reichlich frischen Kräutern servieren.

„Hosd des gwusst?"

Nudeln in reichlich gesalzenem Wasser kochen, dann kann das Salz bereits während des Kochens in die Nudeln einziehen. Öl nicht während des Kochens, sondern erst bei der weiteren Zubereitung untermischen.

Zwiebeltürme in Seeon

ZWIEFITÜRMERL

Gefüllte Zwiefi mit Hackfleisch

Für 4 Portionen:
4 Gemüsezwiebeln
Öl zum Braten
2 Knoblauchzehen
½ Bund Petersilie
4 Tomaten
250 ml Brühe (S. 160)
300 g Hackfleisch
1 Ei
2 EL Semmelbrösel
100 g Hartkäse
Rosmarin
Salz, Pfeffer

Geschälte Gemüsezwiebeln halbieren und an den Enden ca. ½ cm standfest abschneiden. Das Innere mit einem Löffel aushöhlen, klein schneiden und mit etwas Öl kurz andünsten. Knoblauch und Petersilie klein hacken, dazugeben und weitere 5 Minuten dünsten. Dann abkühlen lassen.
Zwischenzeitlich die Tomaten würfeln, in einem Topf andünsten und mit der Brühe ablöschen. Das Hackfleisch mit Ei, Semmelbröseln und dem geriebenem Käse vermengen. Die abgekühlten Zwiebeln dazugeben und mit den Gewürzen abschmecken.
Die Zwiebelhälften mit der Hackfleischmasse füllen, in eine Auflaufform geben und die Tomatensauce angießen. Mit Alufolie bedeckt 35 Minuten im vorgeheizten Backofen bei 190°C (Umluft) auf unterer Schiene schmoren lassen. Zum Schluss offen weitere 25 Minuten fertig backen.

„Hosd des gwusst?"
Zwiebeltürme sind in katholisch geprägten Gebieten Bayerns und Baden-Württembergs verbreitet und ein besonderes Merkmal barocker Kirchen. Die meist grüne Farbe kommt von der traditionellen Verwendung von Kupfer, das mit der Zeit oxidierte.

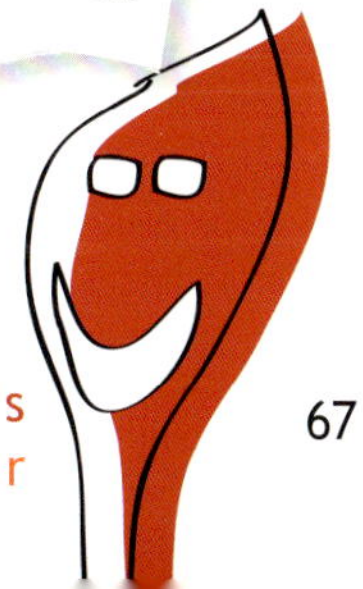

Weißwurstauflauf

Aus Resterl vom Weißwurstfrühstück

Für 4 Portionen:

400 g Kartoffeln
4-6 Weißwürste
1 Zwiebel
20 g Butter
3 EL Mehl
250-500 ml Milch
200 g Mozzarella
Muskat
Salz, Pfeffer

Kartoffeln schälen, klein würfeln und in Salzwasser garen, gerne auch restliche Kartoffeln vom Vortag verwenden.

Backofen auf 200°C (Ober- und Unterhitze) vorheizen. Weißwürste in Scheiben schneiden und in eine gefettete Auflaufform geben. Zwiebel fein würfeln und in heißer Butter anbraten. Mehl hinzufügen und kurz anschwitzen lassen. Unter Rühren so lange Milch zugeben, bis eine sämige Sauce entsteht. Mit Muskat, Salz und Pfeffer würzen.
Die gekochten Kartoffeln über die Weißwürste geben und mit der Sauce übergießen. Mozzarella in Scheiben schneiden und auf den Auflauf legen. Im Backofen etwa 20 Minuten überbacken.

„Brobian geht üwa studian!"

Der Weißwurstauflauf ist ein prima Rezept, wenn Sie am Vortag Gäste zum Weißwurstfrühstück hatten und noch Würste übrig geblieben sind. Die Anzahl der Weißwürste, die Sie in den Auflauf geben, ist variabel. Wenn Sie gekochte Nudeln vom Vortag haben, können Sie diese auch anstelle der Kartoffeln verwenden.

Chiemsee

GMIAS-SCHIFFERL

Ahoi!

Für 4 Portionen:

6 kleinere Zucchini
2 Zwiebeln
1 Knoblauchzehe
1 Chilischote
500 g Hackfleisch
700 g Tomaten
200 g Käse
100 ml Gemüsebrühe
Frisches Basilikum
Salz, Pfeffer

Zucchini halbieren, aushöhlen und bei 180°C (Umluft) im vorgeheizten Backofen 5-10 Minuten vorgaren. Zucchinifleisch, Zwiebeln, Knoblauch und Chilischote klein schneiden und mit Hackfleisch in der Pfanne anbraten. Zwei Tomaten und Käse in kleine Würfel schneiden, mischen. Die Hälfte davon mit der Gemüse-Hackfleischmasse mischen. Mit Salz und Pfeffer würzen. Zucchini mit der Masse füllen. Mit restlicher Tomaten-Käse-Mischung bedecken und im Backofen ca. 15-20 Minuten überbacken.
Für die Sauce die restlichen Tomaten etwa 30 Sekunden in kochendes Wasser geben, anschließend abschrecken, schälen und in kleine Würfel schneiden. In der Gemüsebrühe etwa 10 Minuten köcheln lassen. Mit Salz und Pfeffer würzen, anschließend klein geschnittenes Basilikum zugeben. Mit dem Pürierstab sämig mixen und zu den Zucchini servieren.

„Hosd des scho ghärt?"
Der Chiemsee, das bayerische Meer im Herzen des Chiemgaus, ist mit knapp 80 km² der größte See in Bayern und der drittgrößte See in Deutschland. Die drei größten Inseln auf dem See sind die Herreninsel, die Frauen- und die Krautinsel.

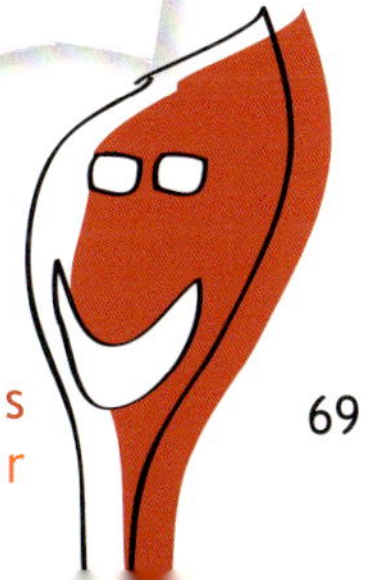

Bio-Schäferei Koch

Renate & Josef Koch

Die Bio-Schäferei Koch liegt nahe der reizvollen Eggstätter Seenplatte. Die Liebe zu den Schafen entdeckte das Ehepaar Anfang der 2000er. Da die Nachfrage nach ihren Produkten ständig stieg, vergrößerten Kochs die damals kleine „Rasenmäher-Herde auf Beinen“ auf eine Herde von über 20 Ostfriesischen Milchschafen. „Bio-Landbau war für uns die erste Wahl, aus Überzeugung und aus Liebe zu den Tieren“, so das Ehepaar. Die Verbundenheit zu ihren Tieren ist deutlich spürbar, als die Schäfer von dem im Frühjahr 2002 von seiner Mutter verstoßenen Lamm Kiri berichten, das sie über Wochen im Wohnzimmer mit der Flasche aufgezogen haben. Die Tiere fressen entweder silagefreies Futter oder grasen auf der großen Weide, die in unmittelbarer Nähe zum neuen, geräumigen und hellen Stall liegt. Dort können sich die wolligen Vierbeiner bei Hitze, Kälte oder in der Nacht ihre Zeit vertreiben. Während Josef Koch zudem eine eigene Schreinerei führt - spezialisiert auf Antikmöbel - ist Renate Koch für die Herstellung und Vermarktung der eigenen Produkte wie Rohmilch, Mozzarella, Frischkäse oder Joghurt verantwortlich. „Uns liegt am Herzen, dass wir unsere Milch selbst weiterverarbeiten und vermarkten - das schätzen auch unsere Kunden“, so die fachkundige Schafhalterin. Beeindruckend ist, dass die Muttermilchschafe alle von Hand gemolken werden. Die älteste Tochter unterstützt hierbei ihre Mutter tatkräftig. Frisches Lammfleisch ist jedes Jahr im Juli und in den Herbstmonaten erhältlich. Die Kunden finden die Köstlichkeiten aus Schafsmilch und -fleisch im Hofladen und auf dem Bauernmarkt in Bad Endorf.

Auf der Schafweide

Bio-Schäferei Koch

2x Vroni und Frau Koch

Antiker Feuerschrank

LAMM-SCHNITZEL

Lieblingsrezept von Familie Koch

Für 4 Portionen:

600 g Schnitzel vom Schaf
2 Eier
50 g Mehl
50 g Semmelbrösel
Butterschmalz
Salz, Pfeffer

Die Ränder der Schafschnitzel leicht einschneiden und auf eine Stärke von 6-8 mm klopfen.
Die Eier mit einer Gabel in einem Suppenteller aufschlagen. In einen weiteren Teller Mehl und in einen dritten Teller die Semmelbrösel geben.
Schnitzel salzen und pfeffern. Dann im Mehl wenden, durch die Eiermasse ziehen und danach in den Semmelbröseln wenden. Leicht andrücken und überschüssige Brösel vorsichtig abschütteln.
Schnitzel in reichlich heißem Butterschmalz von beiden Seiten (je Seite ca. 5 Minuten) schön goldbraun braten.

Zusammen mit lauwarmem Kartoffelsalat (siehe Seite 111) servieren.

„Hosd des gwusst?"
Legen Sie die Schnitzel zum Klopfen am besten zwischen zwei Stück Frischhaltefolie, dann geht das Klopfen leichter und der Arbeitsplatz bleibt sauber.

Gebratene Forelle

Mit Kartoffelsalat

Für 4 Portionen:

4 küchenfertige Forellen
80 g Mehl
Öl zum Braten
2 Knoblauchzehen
1 Bund Dill
1 EL Butter
Salz, Pfeffer

Backofen auf 220°C (Ober- und Unterhitze) vorheizen.
Forellen waschen und mit Küchenpapier trocken tupfen. Mit Salz und Pfeffer innen wie außen würzen. Mehl in einen Teller geben und Fische darin wenden. In einer großen Pfanne die bemehlten Fische in heißem Öl ca. 2 Minuten pro Seite hellbraun anbraten. Vorsichtig aus der Pfanne heben und auf ein Blech legen.

Forellen mit klein geschnittenem Knoblauch und Dillzweigen füllen, mit Butterflocken bestreuen und im Ofen in ca. 12-14 Minuten fertig garen.

Mit Dill garnieren und mit Kartoffelsalat (siehe Seite 111) servieren.

„Hosd des gwusst?“

Die Fischerei am Chiemsee blickt auf eine 400-jährige Tradition zurück. Hauptfischarten sind z.B. Barsch, Renke, Schleie, Schuppenkarpfen, Seeforelle, Wels und Zander.

Kloster Seeon

Bohnenquiche

Eine runde Sache

Für 1 Springform (Ø 28 cm):
250 g Mehl
125 g Butter
1 Ei
½ TL Salz
500 g Bohnen
2 Knoblauchzehen
3 Eier
200 ml Sahne
Frisches Bohnenkraut
Salz, Pfeffer

Die Springform buttern und kühl stellen. Mehl in eine Schüssel sieben, darauf die kalte Butter würfeln, Ei dazugeben, salzen und rasch zu einem glatten Teig verkneten. In Frischhaltefolie gewickelt für ca. 30 Minuten kühl stellen.
In der Zwischenzeit die Bohnen putzen, waschen und in mundgerechte Stücke schneiden. In wenig, leicht gesalzenem Wasser 15 Minuten dämpfen. Knoblauch klein hacken. Eier und Sahne gut verquirlen, mit Salz und Pfeffer würzen.
Backofen auf 180°C (Umluft) vorheizen. Den Teig auf die Größe der Form auswellen und einlegen. Die abgekühlten Bohnen, Knoblauch und einige Blättchen Bohnenkraut darauf verteilen, mit der Eiersahne übergießen und 35-40 Minuten (mittlere Schiene) backen. Nach dem Backen die Quiche ein paar Minuten ruhen lassen, dann servieren.

„Hosd des gwusst?"
Mürbteig immer mit kalter Butter verarbeiten, am besten in einem kühlen Raum und mit kalten Händen. Wird der Teig zu warm, wird er weich und brüchig. Mürbteig lässt sich gut zwischen zwei Blatt Backpapier auswellen.

Herbst

Boarische Ravioli

Herbstlicher Kürbisschmaus

Für 4 Portionen:

1 kg Hokkaidokürbis
8 EL Öl zum Braten
100 g Lauch
2 Zwiebeln
1 Knoblauchzehe
3-4 Zweige Petersilie
1 Eigelb
Muskat, Salz, Pfeffer

Nudelteig (siehe Seite 161) herstellen. Den Kürbis vierteln. Von der Kürbisschale kleine Streifen für die Deko herausschneiden (z.B. mit einem Ziseliermesser). Kürbisstreifen in einer Pfanne in etwas heißem Öl anrösten und beiseite stellen.
Kürbisfleisch und Lauch in kleine Würfel schneiden, Zwiebeln und Knoblauch fein würfeln. Restliches Öl in einer Pfanne erhitzen, Zwiebeln und Kürbis anschwitzen. Sobald der Kürbis weich wird, den Lauch und etwas Wasser dazufügen und bei geschlossenem Deckel gardünsten. Den weichen Kürbis mit einer Gabel etwas zerdrücken. Mit gehackter Petersilie, Knoblauch, Muskat, Salz und Pfeffer abschmecken.

Für die Ravioli Wasser in einem Topf erhitzen. Den Nudelteig halbieren und jede Hälfte auf einer bemehlten Arbeitsfläche messerrückendick auswellen. Eine Hälfte dünn mit Eigelb bestreichen und darauf die Fülle walnussgroß im Abstand von 4 cm verteilen. Mit der zweiten Teigplatte bedecken, die Zwischenräume beherzt andrücken, mit einem Teigrädchen Ravioli ausschneiden. In siedendem Salzwasser 10 Minuten garen.

Die gut abgetropften Ravioli mit den Kürbisstreifen garnieren.

Kürbisgulasch

Mit Schweinerm

Für 4 Portionen:

3 Zwiebeln
3 Knoblauchzehen
600 g Gulaschfleisch
400 g Kartoffeln
1 EL Majoran
1 Lorbeerblatt
2 EL Mehl
350 g Kürbis
2 Tomaten
100 g Sahne
1 EL Öl, Salz, Pfeffer

Zwiebeln und Knoblauch schälen. Zwiebeln halbieren und in Scheiben schneiden. Knoblauch fein würfeln. Fleisch trocken tupfen und klein schneiden. Öl in einem Bräter erhitzen, Fleisch darin anbraten. Zwiebeln und Knoblauch zufügen, kurz mitbraten. Mit Salz, Pfeffer und Majoran würzen. Lorbeerblatt zugeben. Mit Mehl bestäuben. ¾ Liter Wasser angießen, aufkochen und bei mittlerer Hitze ca. 45 Minuten garen.
Kartoffeln schälen, waschen und in Stücke schneiden. Kürbis schälen (beim Hokkaido nicht notwendig), Kerne entfernen und würfeln. Kartoffeln und Kürbis ca. 20 Minuten vor Ende der Garzeit zum Fleisch geben. Tomaten waschen, putzen, in Würfel schneiden und kurz mitgaren. Sahne zugießen, nicht mehr aufkochen. Gulasch nochmals abschmecken.

„Hosd des gwusst?“

Übrig gebliebenes Kürbisfleisch lässt sich gut einfrieren: Kürbisfleisch in kleine Stücke schneiden, bei mittlerer Hitze zu Mus kochen und in Beuteln einfrieren. Bei -18°C ist das Mus etwa 6 Monate haltbar.

Exponat - Bajuwarenmuseum

Bajuwarenbrod'n

Lamm-Rollbraten mit Petersilienkartoffeln

Für 4 Portionen:

1 Lamm-Rollbraten
Öl zum Braten
1 Zwiebel
4 Tomaten
1 EL Suppenwürzl
(siehe Seite 159)
2 Rosmarinzweige
800 g Kartoffeln
Petersilie
2 EL Butter
Salz, Pfeffer

Rollbraten mit etwas Salz einreiben und von jeder Seite in Öl für ca. 3 Minuten bei guter Hitze anbraten. Anschließend in eine Kastenform legen. Zwiebel und Tomaten würfeln und in Öl andünsten. Mit Salz und Pfeffer abschmecken und zum Rollbraten geben. Suppenwürzl mit 600 ml heißem Wasser aufgießen. Kastenform mit Gemüsebrühe auffüllen, bis der Braten fast bedeckt ist. Rosmarinzweige dazulegen. Mit Alufolie abdecken und bei 150°C (Umluft) für 2½ Stunden schmoren. Gelegentlich mit der Flüssigkeit übergießen. Die letzten 20-30 Minuten Alufolie abnehmen.
In der Zwischenzeit Kartoffeln schälen, würfeln und in Salzwasser garen. Petersilie fein hacken, zusammen mit der Butter zu den Kartoffeln geben und mit dem Rollbraten servieren.

„Hosd des gwusst?"
In Waging am See wird die Geschichte der Bajuwaren im Bajuwarenmuseum lebendig. Schwerpunkte sind u.a. „Wir suchen unser Essen!" oder „Bajuwarischer Jahresrhythmus." Dabei wird u.a. der damalige Alltag ohne Supermarkt vermittelt.

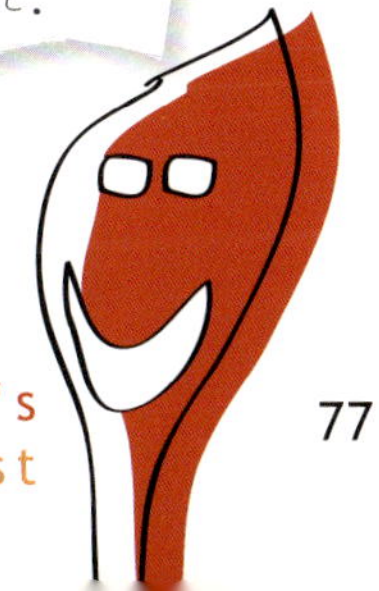

Götschl-Hof

Angelika & Gerhard Schmid

Auf dem Götschl-Hof am Pattenberg bei Bergen war Gerhard Schmid oft als Kind. Sein Onkel führte hier neben der Landwirtschaft auch eine Gastwirtschaft. Die Damwildherde ist dem Onkel auch im Rentenalter geblieben, die er jedoch aus Altersgründen nicht mehr allein versorgen wollte. 1999 entschieden sich dann Angelika und Gerhard Schmid, die Damwildherde zu übernehmen und sind so „in die Landwirtschaft reingestolpert", schmunzelt der selbstständige Aufzugmonteur. Ihnen war wichtig, das Werk des Onkels weiterzuführen. Damit verbunden war der Umzug von Lauter auf den Pattenberg. „Ich konnte mir sofort vorstellen, hier unser neues Zuhause aufzubauen", sagt Angelika Schmid. Umrahmt von Hochgern, Hochfelln und der schlafenden Jungfrau „ist das meist wie Urlaub", darin ist sich die fünfköpfige Familie einig. „Mein Onkel war immer ein leidenschaftlicher Jäger und von ihm habe ich alles über Aufzucht, Haltung sowie das Zerlegen und Ausnehmen von Damwild gelernt", so der Nebenerwerbslandwirt, der gemeinsam mit seiner Frau den Hof mit innerer Überzeugung und großer Freude führt. Regionale Lebensmittel, natürlicher Geschmack und Genuss stehen bei den Schmids an oberster Stelle. Von daher lag der Schritt nahe, das Damwild bio-zertifizieren zu lassen. „Ich koche gerne selbst, da weiß ich, was im Essen ist" sagt lachend Angelika Schmid. Das Damwildgehege liegt hinter dem Wohnhaus auf einer ausgedehnten Wiese direkt am Waldrand. Das küchenfertig zerlegte Fleisch kaufen die Kunden auf Vorbestellung. Insbesondere junges Damwild zeichnet sich durch einen milden Geschmack aus, der kaum an Wild erinnert.

Zaungeweih

Naschzeit

Im Damwildgehege

Küss die Hand

Damwildragout

Lieblingsrezept von Angelika & Gerhard Schmid

Für 4 Portionen:
800 g Damwild
Nacken od. Schulter
Essig, Wasser
2 Zwiebeln
2 EL Butterschmalz
2 Knoblauchzehen
4 Karotten
2 Petersilienwurzeln
¼ Sellerieknolle
Honig, Sauerrahm
Petersilie
Salz, Pfeffer

Fleisch über Nacht in einer Beize aus 1/3 Essig und 2/3 Wasser einlegen.
Am nächsten Tag das Fleisch vom Knochen auslösen und in mundgerechte Stücke schneiden. Zwiebeln würfeln und in heißem Butterschmalz anbraten. Fleisch, klein gehackter Knoblauch und Gewürze zugeben und mitbraten. Nach Belieben Essigbeize und/oder Brühe (siehe Seite 159/160) zufügen, so dass das Fleisch gut bedeckt ist. Auf mittlerer Flamme ca. 1½ Stunden köcheln lassen. In der Zwischenzeit Gemüse klein schneiden, zufügen und für weitere 30 Minuten köcheln lassen. Mit Honig, Gewürzen und Sauerrahm abschmecken und mit gehackter Petersilie garnieren.
Dazu passen angebratene Brezen- oder Semmelknödel (siehe Seite 59 bzw. Seite 162).

„Des brauchst a no"
Gewürze für das Ragout: 2 Lorbeerblätter, 1 Nelke, 4-5 Wacholderbeeren, frischer Liebstöckl, nach Belieben Fenchel, Kümmel, Zimt, Majoran. Wer das Ragout etwas sämiger mag, kann die Sauce mit Mehl oder einer geriebenen, rohen Kartoffel (mehlige Sorte) binden.

Kürbisauflauf

Herbstlicher Genuss aus dem Ofen

Für 4 Portionen:

1 kg Kürbis
Öl zum Braten, für die Form
2 Zwiebeln
4 Knoblauchzehen
4 Paprika, rot
250 ml Sahne
1 Thymianzweig
Chilipulver
200 g Frischkäse
Salz, Pfeffer

Backofen auf 180°C (Umluft) vorheizen.

Den Kürbis schälen (beim Hokkaido nicht notwendig), in Würfel schneiden und in etwas Öl von allen Seiten kurz anbraten. Eine Auflaufform mit Öl bestreichen und den Kürbis darin verteilen. Zwiebeln und Knoblauch fein würfeln und in derselben Pfanne kurz anschwitzen. Die Paprika würfeln und mitdünsten. Mit der Sahne aufgießen. Thymianblättchen abzupfen und zugeben. Mit Chilipulver, Salz und Pfeffer abschmecken, kurz aufkochen lassen und über den Kürbis gießen.
Frischkäse auf dem Auflauf verteilen und im Backofen (mittlere Schiene) 25 Minuten backen.

„So gangads aa"

Kürbismenge halbieren und 500 g gekochte und in Scheiben geschnittene Kartoffeln verwenden.

St. Nikolaus in Sondermoning

Nikolausschmaus

Saure Schweinshax mit Kartoffelpüree

Für 4 Portionen:

2 Schweinshaxen
Essig, Wasser
1 Zwiebel
3 EL Butter
2 EL Mehl
3 Essiggurken
(siehe Seite 158)
1 EL Senf
1 EL Honig
Etwas Petersilie
Salz, Pfeffer

Haxen mit einer Mischung aus ¼ Essig und ¾ Wasser in einen Topf geben, das Fleisch sollte bedeckt sein. 2-3 EL Salz zugeben. Flüssigkeit erhitzen und Haxen etwa 1-1½ Stunden köcheln lassen. Zwiebel fein würfeln und in einem Topf in Butter glasig dünsten. Mit Mehl bestäuben und unter Rühren ca. die Hälfte des Kochfonds aufgießen, nach Belieben auch mehr. Die Essiggurken fein würfeln und zugeben. Mit Senf, Honig, Salz und Pfeffer abschmecken und gehackte Petersilie zugeben.

Die Haxen in Scheiben schneiden und zusammen mit der Sauce und Kartoffelbrei (siehe Seite 161) servieren.

„Hosd des gwusst?"
Die spätgotische Kirche St. Nikolaus und Johannes der Täufer in Sondermoning ist das früheste, noch erhaltene Werk dieser Art in der Gegend. In der Kirche steht ein Flügelaltar, der um 1490 entstand. Kern ist der Schrein mit den Figuren der beiden Kirchenpatrone.

Traunstein: In der Stadt am Fluss Traun, nördlich der Chiemgauer Alpen und östlich des Chiemsees, begegnet dem Besucher Traunsteins Vergangenheit als mittelalterliche Stadt mit Salzhandel. Stattliche Bürgerhäuser, idyllische Straßen und Plätze künden noch heute davon.

Glück-Auf-Lauf

Kartoffel-Apfel-Auflauf

Für 4 Portionen:

800 g Kartoffeln, festkochend
100 ml Milch
150 ml Sahne
3 Eier
2 Knoblauchzehen
1 TL Rosmarin
2 große Äpfel
250 g Käse, Feta-Art
1 EL Butter
Salz, Pfeffer

Kartoffeln waschen und mit Schale ca. 20 Minuten kochen. Noch warm pellen und abkühlen lassen. Anschließend in ca. 3 mm dicke Scheiben schneiden. Milch, Sahne, Eier und klein gehackten Knoblauch zu einer sämigen Flüssigkeit verquirlen. Mit den Gewürzen vermischen.
Äpfel halbieren, das Gehäuse entfernen und die Hälften in dünne Scheiben schneiden.
Die Kartoffel- und Apfelscheiben abwechselnd in eine mit Butter eingefettete Auflaufform schichten. Die Hälfte des Käses in die Lücken streuen und anschließend die verquirlte Flüssigkeit darüber gießen.
Auf der mittleren Schiene im vorgeheizten Backofen bei 190°C (Umluft) für ca. 25 Minuten backen. 10 Minuten vor Ende den restlichen Käse darüber streuen und anschmelzen lassen.

„Hosd des gwusst?"
Rosmarin gilt u.a. als appetit- und kreislaufanregend. Früher trugen Bräute Rosmarinkränze im Haar, als Symbol für Liebe und Treue.

Gulaschknödel

Resterl raffiniert

Für 4 Portionen:

Etwa 300 g Gulaschreste (ohne Sauce, z.B. vom Zwiefigulasch, siehe Seite 85)
Semmelknödelteig (siehe Seite 162)
Evtl. Sauerkraut (siehe Seite 158)
Salz, Pfeffer

Gulaschreste fein würfeln. Einen Semmelknödelteig, wie auf Seite 162 beschrieben, herstellen. Aus dem Teig größere Knödel formen und mit dem Gulasch füllen.

Wasser erhitzen, dann salzen und Knödel in siedendem Wasser so lange kochen, bis sie nach oben kommen. Nach Belieben mit Sauerkraut servieren.

„So gangads aa"

Statt Gulasch kann man auch Gemüse- oder Bratenreste in die Knödel geben.

Zwiefigulasch

Lieblingsrezept von Marion Hofmeier

Für 4 Portionen:

2 Zwiebeln
1 Knoblauchzehe
1 TL Paprikapulver
1 TL Mehl
600 g Schweinegulasch
100 ml Bier
1 EL Suppenwürzl (siehe Seite 159)
1 EL Tomatenmark (siehe Seite 157)

Zwiebeln und Knoblauch fein würfeln. In einer Schüssel Paprikapulver, Mehl, Salz und Pfeffer mischen und darin das Gulasch wenden.
Zwiebeln und Knoblauch in 2 EL Öl glasig anschwitzen. Fleisch dazugeben, andünsten und mit Bier ablöschen. Das Suppenwürzl hinzugeben und mit 500 ml Wasser aufgießen. Tomatenmark und Honig einrühren. Die Kartoffel fein reiben und ebenfalls zufügen. Das Ganze etwa 1½ Stunden bei geschlossenem Deckel köcheln lassen, gelegentlich umrühren. Am Ende Sauerkraut und Majoran zufügen, und mit Salz und Pfeffer abschmecken.

Dazu schmecken frische Salzkartoffeln oder Semmelknödel (siehe Seite 162).

„Des brauchst a no"
1 TL Honig
1 Kartoffel
200 g Sauerkraut (siehe Seite 158)
1 EL Majoran
Öl, Salz, Pfeffer

Winter

Steg am Chiemsee

Schlemmerbrod'n

Blanchiertes Rindfleisch – ein Rezept von 1825

Für 4 Portionen:

800 g Rindfleisch (Kochfleisch)
2 Zwiebeln
1 Knoblauchzehe
½ Sellerieknolle
1 Petersilienwurzel
2 Karotten
100 g Speck in Scheiben
3 Lorbeerblätter
5 Nelken
½ l Essig, ½ l Wasser
Salz, Pfeffer

Für die Sauce:
1 Zwiebel
2 EL Butter
2-3 EL Mehl
¼ l Wasser
5 EL Senf
Salz, Pfeffer

Das Rindfleisch mit Salz und Pfeffer einreiben. Zwiebeln, Knoblauch, Sellerie, Petersilienwurzel und Karotten klein würfeln.
Eine Reine oder einen großen Topf mit der Hälfte der Speckscheiben auslegen und das Rindfleisch darauf legen. Gemüse, Lorbeerblätter und Nelken zufügen und mit den restlichen Speckscheiben abdecken. Mit Essig und Wasser aufgießen und etwa 1 Stunde köcheln lassen.

Für die Sauce Zwiebel fein würfeln und in Butter anschwitzen. Unter Rühren nach und nach Mehl, dann etwa 8 EL vom Bratensaft hinzufügen und mit Wasser aufgießen. Sauce mit Senf, Salz und Pfeffer abschmecken und kurz aufkochen lassen.

Das Fleisch in dünne Scheiben schneiden und zusammen mit der Sauce servieren.

Dazu schmecken gekochte Kartoffeln.

Laubfrösche

Gefüllte Wirsingpäckchen

Für 4 Portionen:

Öl zum Braten
200 g Perl-Emmer
100 ml dunkles Bier
300 ml heiße Gemüsebrühe (S.159)
1 Wirsing
1 rote Zwiebel
Speck nach Belieben
1-2 Eier, 1 Knoblauchzehe, Majoran
Salz, Pfeffer

Öl in einem Topf erhitzen und Perl-Emmer darin anschwitzen. Mit Bier ablöschen und etwas verdampfen lassen. Gemüsebrühe aufgießen und 20 Minuten köcheln lassen.
Wirsingblätter ablösen, waschen und 5 Minuten blanchieren. Mit kaltem Wasser abschrecken und beiseite stellen.
Zwiebel, Knoblauch und evtl. Speck klein würfeln und in heißem Öl anbraten. Gekochten Emmer und Eier untermischen und mit Majoran, Salz und Pfeffer kräftig würzen.
Backofen auf 220°C (Ober- und Unterhitze) vorheizen.
In jedes Wirsingblatt einen guten Esslöffel von der Getreidefüllung geben, die Seiten zusammenklappen, Blatt zusammenrollen und mit einem Zahnstocher fixieren. Die Laubfrösche in eine gefettete Auflaufform legen. Im Backofen für ca. 25 Minuten backen.

„So gangads aa"

Laubfrösche zusätzlich mit geriebenem Käse füllen.
Statt Perl-Emmer können Sie für die Füllung gebratenes Hackfleisch oder Leber verwenden.

Lammkeule

Für winterliche Stunden

Für 4 Portionen:

1 kg Lammkeule
8 Knoblauchzehen
Frische Petersilie
100 g Butter, Öl
500 g Suppengemüse
1 kg Kartoffeln
½ l Brühe (S. 159)
1 TL Rosmarin
2 TL Honig
1 MSP Zimt
1 EL Crème fraîche
Salz, Pfeffer

In die Lammkeule (ohne Knochen) kleine Taschen einschneiden und je eine Knoblauchzehe und Petersilie hineingeben, dann mit Butter verschließen. Keule mit Salz und Pfeffer einreiben, in heißem Öl scharf anbraten. Dann das Fleisch 10 Minuten auf einem Brett ruhen lassen. Zwischenzeitlich das Suppengemüse und die Kartoffeln schälen, grob zerkleinern bzw. halbieren und kurz anbraten, mit Brühe ablöschen und in einen Bräter schichten. Darauf das Fleisch legen und mit Rosmarin bestreuen. Im vorgeheizten Ofen bei 200°C (Ober- und Unterhitze, mittlere Schiene) 30 Minuten zugedeckt schmoren lassen, anschließend weitere 20 Minuten ohne Deckel braten. Bei Bedarf mit Brühe oder Bratensud übergießen.
Vor dem Anrichten das Fleisch in Alufolie einwickeln und 10 Minuten ruhen lassen. Dazu Schmorkartoffeln und eine Honig-Zimt-Sauce reichen (siehe Tipp).

„Brobian geht üwa studian!"
Für die Sauce das geschmorte Gemüse, Bratensud und zwei halbierte Kartoffeln durch ein Sieb passieren. Honig und Zimt dazugeben, kurz aufkochen lassen und mit Crème fraîche, Salz und Pfeffer abschmecken.

Chiemgau im Winter: Ob idyllischer Winterspaziergang oder sportliche Schneeschuhwanderung am verschneiten Chiemsee – eine gscheite warme Mahlzeit danach lässt den Schnee dahinschmelzen.

Krautnockerln

Zum Aufwärmen guad

Für 4 Portionen:

400 g Weißkraut
3 EL Butter
1 TL Salz
5 EL Semmelbrösel
200 g Mehl
1 Ei
Öl zum Braten
Salz, Pfeffer

Das Kraut fein hobeln oder ganz fein schneiden. In einem geschlossenen Topf mit 2 EL Butter und Salz bei mittlerer Hitze ca. 15 Minuten weich dämpfen. Anschließend 3 EL Semmelbrösel dazugeben und miteinander vermischen. Den Topf beiseite stellen und die Masse auskühlen lassen.
Auf einem Brett oder auf der Arbeitsfläche Mehl gleichmäßig verteilen und die ausgekühlte Krautmasse dazugeben. Alles miteinander vermischen, das Ei hinzufügen und zu einem mittelfesten Teig verarbeiten.
Aus dem Teig mit den Händen kleine Nockerln formen und diese ca. 8-10 Minuten unter mehrmaligem Wenden in einer Pfanne in heißem Öl goldbraun braten. Zum Schluss die restlichen Semmelbröseln in Butter anrösten und über die Nockerln geben.

„So gangads aa"
Statt Weißkraut können die Krautnockerln auch mit gedämpftem Wirsing oder Spitzkohl zubereitet werden.
Wer mag, kann ausgelassene Speckwürfel in den Teig geben.

Lebensfeld Jaksch

Hubert Jaksch

Eingebettet zwischen Simssee und Chiemsee liegt der Bio-Betrieb von Hubert Jaksch. 1986, fünf Jahre nach der Hofübernahme, entschied sich Hubert Jaksch seinen Betrieb nach Bio-Richtlinien zu bewirtschaften. Die Arbeit auf dem „Lebensfeld Jaksch“, wie er selbst seinen Hof nennt, ist im Einklang mit der Natur und beruht auf seiner persönlichen Lebenseinstellung. Was damals noch ein reiner Produktionsbetrieb war, hat sich seit 2006 zu einem gefragten Seminarort weiterentwickelt. Wertvolles Wissen früherer Generationen über Gemüseanbau, Lebensmittellagerung in Erdkellern, Sauerkrautherstellung, Milchverarbeitung oder Wildgemüse sind u.a. Themen seiner Seminare für Verbraucher. Jaksch hat damit eine Nische entdeckt, die es in dieser Art bisher noch nicht gab. Ein zentraler Aspekt ist hier, Menschen für eine einfache und natürliche Lebensweise zu sensibilisieren, die im Zuge der allgegenwärtigen Verfügbarkeit von Lebensmitteln und Ressourcen untergegangen ist. So erklärt uns der qualifizierte Pionier: „Ich möchte die Tore meines Betriebes für den Verbraucher öffnen. Mein Bauernhof soll hierbei als Schule im praktischen Leben dienen“. Besonders beliebt sind Jakschs Gemüsefelder zur Selbstversorgung, welche die Hofgäste mit hybridfreien Gemüsesorten, also vermehrbarem Saatgut, selber bepflanzen und ernten. Dabei steht ihnen Hubert Jaksch stets mit Rat und Tat zur Seite. Im angrenzenden Hofladen finden Kunden und Interessierte ein breites Bio-Sortiment, und wer sich gern mit kleinen Köstlichkeiten verwöhnen lassen möchte, ist in dem im Sommer 2011 eröffneten Hofcafé herzlich willkommen.

Selbstversorgerfeld

Vorrat im Erdkeller

Im Bioladen

Schaukochen im Hofcafé

Wurmsdorfer Suppn

Lieblingsrezept von Hubert Jaksch

Für 4 Portionen:

300 g getrocknete Bohnen
350 g Kartoffeln
4 Karotten
1 Stange Lauch
Chilipulver
Paprikapulver
Leinöl
Petersilie
Salz, Pfeffer

Bohnen über Nacht in reichlich Wasser einweichen. Am nächsten Tag das Einweichwasser auswechseln und Bohnen mit 1½ l frischem Wasser auf kleiner Flamme etwa 30 Minuten köcheln lassen.

In der Zwischenzeit die Kartoffeln und Karotten schälen und grob würfeln. Lauch der Länge nach aufschneiden, waschen und in mundgerechte Stücke schneiden. Das Gemüse gemeinsam mit Chili- und Paprikapulver sowie Salz und Pfeffer zu den Bohnen geben und nochmals 30 Minuten köcheln lassen.

Am Ende etwas Leinöl untermischen. Mit gehackter Petersilie garnieren.
Nach Belieben mit Semmel- oder Brezenknödeln (siehe Seite 162 oder Seite 59) servieren.

„Hosd des gwusst?"
Die Bohnensuppe wird besonders schmackhaft, wenn man sie langsam über einem Holzfeuer köchelt!

Faschingsreindl

Resterl ober guad

Für 4 Portionen:

400 g Wurst, übriges Fleisch oder übriger Schweinsbraten
2 große Zwiebeln
500 g Gemüse, z. B. Rosenkohl, Karotten, Kraut, 4 EL Butter
600 g Kartoffeln, gekocht
1 EL Majoran
Salz, Pfeffer

Wurst oder Fleisch in kleine Würfel schneiden, Zwiebeln fein würfeln. Falls das Gemüse roh ist, kurz in kochendem Salzwasser blanchieren. Kartoffeln in Scheiben schneiden.

Pfanne erhitzen und Zwiebeln in der heißen Butter anschwitzen, Fleisch- und Wurstwürfel dazugeben und mitrösten. Die Kartoffeln zufügen und mitbraten. Mit Majoran, Salz und Pfeffer würzen und in einem Reindl (einem flachen Kochtopf) anrichten.

Wenn die Resterl nicht für eine volle Mahlzeit ausreichen, kann man im Reindl noch ein paar Eier mitbraten.

„Hosd des scho ghärt?"

Reindlgerichte isst man in Bayern traditionell direkt aus dem Reindl. Jeder bekommt eine Gabel in die Hand und los geht's. Nicht nur zur Faschingszeit eine närrische Angelegenheit!

Gemeiner Schweinsbrod'n

Ein Rezept aus dem Jahr 1800

Für 4 Portionen:

800 g Schweinehals
½ l Essig
2 Zwiebeln
½ Bund Petersilie
3 EL Butter
1-2 EL Mehl
Salz, Pfeffer

Den Schweinehals in Essig einlegen und etwa drei Tage an einem kühlen Ort ziehen lassen.
Die Zwiebeln und Petersilie klein hacken und zum Sud geben. Das Ganze erhitzen und etwa 45 Minuten köcheln lassen. Danach Fleisch aus dem Sud nehmen und abtropfen lassen.
Butter in einem Topf erwärmen und den Schweinebraten rundherum kurz anbraten. Das Fleisch aus der Pfanne nehmen und die Pfanne mit Mehl bestäuben. Unter ständigem Rühren so viel Essigsud angießen, bis eine schön sämige Sauce entsteht. Mit Salz und Pfeffer abschmecken.
Zusammen mit frischen Kartoffelknödeln (siehe Seite 162) servieren.

„Hosd des gwusst?"
In Bayern serviert man zum Schweinebraten gerne Blaukraut: Dazu 1 Zwiebel in 60 g Butter & 3 EL Honig anschwitzen und karamellisieren lassen. 1 kg geschnittenes Blaukraut und 2 EL Essig zugeben. 20 Minuten köcheln lassen. Mit 3 gewürfelten Äpfeln, Gewürzen & 125 ml Wasser 2 h gar dünsten.

„Brotzeit ist die schönste Zeit" – denn als kalte Zwischenmahlzeit ist sie ein Hochgenuss von früh bis spät. Ob üppig, als Alternative zu einem Mittag- oder Abendessen, als leichte Mahlzeit zwischendurch oder als kräftigende Stärkung, sie ist alleweil beliebt. Ob im manchmal hektischen Büroalltag, auf einer Wanderung oder auch selber mitgebracht im sonnigen Biergarten – zu jeder Jahreszeit genießt man in Bayern gern eine zünftige Brotzeit.

Brotzeiten

Kalte Schmankerln

Frühling

Turm der Streichenkirche bei Schleching

Kohlrabisalat

Mit frischen Frühlingskräutern

Für 4 Portionen:

1-2 Kohlrabi mit Blättern
2 Blätter Bärlauch
2 Blätter Sauerampfer
10 Schnittlauchstängel, mit Blüte
2 EL Sonnenblumenöl
2 TL Apfelessig
2 EL Sahne
Salz, Pfeffer

Kohlrabi schälen, dabei die zartesten Blätter aufbewahren. Kohlrabi grob raspeln. Die frischen Kräuter ebenso die Kohlrabiblätter fein hacken. Die kleinen Einzelblüten der Schnittlauchblüte abzupfen, ein paar Blütchen für die Dekoration beiseite legen. Alle anderen Zutaten zusammen in eine Schüssel geben.

Für die Marinade das Öl mit dem Essig und der Sahne mischen, mit Salz und Pfeffer abschmecken. Über den Salat geben und gut mischen. Mit den restlichen Schnittlauchblüten garnieren.

„Hosd des gwusst?"
Bärlauch gehört zu den leckeren Frühjahrserlebnissen. Man verwendet ihn am besten frisch. Er sollte nicht getrocknet werden, dann gehen seine Wirkstoffe verloren.

Erdäpfelkäs

G'schmackiger Start in die Biergartenzeit

Für 4 Portionen:

250 g Kartoffeln, vorwiegend festkochend
1 große Zwiebel
Petersilie
200 g Crème fraîche
8 Scheiben Brot
Salz, Pfeffer

Die Kartoffeln schälen und in Salzwasser je nach Größe ca. 30 Minuten gar kochen. In der Zwischenzeit die Zwiebel klein würfeln und die Petersilie klein hacken. Die gekochten Kartoffeln mit einer Gabel grob zerdrücken. Zwiebelwürfel, Crème fraîche und die Petersilie dazugeben. Alles solange vermischen bis eine streichfähige Masse entsteht. Mit Salz und Pfeffer abschmecken und die Brotscheiben damit bestreichen.

„So gangads aa"

Zu den belegten Erdäpfelkäs-Broten reichen Sie am besten einen warmen Krautinsel-Salat (siehe Seite 43) oder einen frischen Kohlrabisalat (siehe Seite 101).

Hofmarkpesto

Einfach und lecker

Für 4 Portionen:

4 Handvoll Bärlauchblätter
2 Knoblauchzehen
100 g Hartkäse
30 g Walnüsse
Ca. 150 ml Öl
Salz, Pfeffer

Bärlauchblätter waschen, trocken tupfen und grob zerkleinern. Knoblauch schälen, Käse in Würfel schneiden. Bärlauch, Knoblauch, Käse und Walnüsse in einer Küchenmaschine oder mit dem Pürierstab zu einer feinen Paste mixen, dabei nach und nach das Öl zugeben. Mit Salz und Pfeffer abschmecken. Auf geröstetem Brot servieren.

Nudeln mit Pesto: 500 g Nudeln ca. 3 Minuten weniger als auf der Packung angegeben in Salzwasser kochen. Abgießen und in einer großen Pfanne in 150 ml heißer Brühe (siehe Seite 159/160) bissfest garen. Am Ende das Pesto nur kurz untermischen, abschmecken und sofort servieren. Nach Belieben mit geriebenem Käse bestreuen.

„Hosd des scho ghärt?"

Der Begriff „Hofmark Chieming" wird von Herzog Georg des Reichen (1479–1503) erstmals erwähnt. Die Hofmark ist nur zu der sog. Schlossserenade des Chieminger Männerchores im August geöffnet. Näheres erfährt man bei einer historischen Dorfführung jeweils donnerstags 10 Uhr (Mai bis Okt.).

Obazda

Verbindet Regionen

Für 4 Portionen:

100 g Butter
200 g Weichkäse mit Rotschmiere
100 g Weichkäse mit Edelschimmel
100 g Quark
1-2 EL Paprika
Salz, Pfeffer
2 Zwiebeln
2 EL Schnittlauch

Butter und Käse etwa 1 Stunde vor der Zubereitung aus dem Kühlschrank nehmen.
Die Butter in kleine Stücke schneiden, in eine Schüssel geben und cremig rühren. Anschließend den Quark unterrühren. Den Käse in kleine Stücke schneiden und mit einer Gabel oder einem Kartoffelstampfer zerdrücken. Den kleingeschnittenen Schnittlauch unter die Mischung rühren und mit Paprika, Pfeffer und Salz nach Geschmack würzen.
Zum Kühlen in den Kühlschrank stellen. 30 Minuten vor dem Servieren aus dem Kühlschrank nehmen und mit Zwiebelringen garnieren.

Tipp: Wenn Ihnen Rotschmierkäse zu pikant ist, ersetzen Sie ihn einfach durch Edelschimmelkäse.

„Hosd des gwusst?“

Obazda heißt soviel wie „Vermischter“ und wird eigentlich aus überreifem Käse hergestellt. Bekannt gemacht hat diesen Biergartenklassiker die Wirtin Katharina Eisenreich Anfang der 20er Jahre im Weihenstephaner Bräustüberl in Freising. Die pfiffige Wirtin probierte viel aus. Mit dem Obazda hatte sie schließlich eine Möglichkeit, überreife restliche Käsesorten schmackhaft zu verarbeiten. Ihr Rezept wurde weithin bekannt.

Park in Bad Endorf

Kerbelschmand

Brotaufstrich oder Dip

Für 4 Portionen:

50 g frischer Kerbel
3-4 Blätter Sauerampfer
150 g Schmand
Salz, Pfeffer
Evtl. 1 TL Apfelessig

Kerbel und Sauerampfer verlesen und grob hacken. Schmand in einen Pürierbecher oder Mixer geben und zusammen mit ¾ der Kräuter pürieren. Die restlichen Kräuter fein durchhacken, zum Schmand geben und gut mischen. Mit Salz und Pfeffer abschmecken. Nach Belieben den Kräuterschmand mit etwas Apfelessig nachwürzen.

Tipp: Empfehlenswert als Brotaufstrich oder als Dip zu gebratenem Fisch (siehe Seite 72).

„Hosd des scho ghärt?"
Bad Endorf lädt zum Verweilen und Entspannen ein: z.B. im Kurpark mit Kneippanlage, in der Orangerie als Stätte für Kräuterseminare oder andere Veranstaltungen, in der Chiemgau-Therme mit den Jod-Thermalsole-Quellen.

Sommer

Gazpacho

Kalte Gemüsesuppe – erfrischend an heißen Tagen

Für 4 Portionen:

750 g Tomaten
½ Salatgurke
1 rote Paprika
1 grüne Paprika
1 rote Zwiebel
1 Knoblauchzehe
1 TL Honig
3 EL Essig
4 EL Öl
Frische Kräuter
Salz, Pfeffer

Tomaten an der Unterseite kreuzweise einritzen und mit heißem Wasser überbrühen, dann Schale abziehen. Tomaten, Gurke, Paprika und Zwiebel fein würfeln, Knoblauch fein hacken. Gemüse mit Honig, Essig, Öl, frischen Kräutern (z.B. Basilikum, Rosmarin, Salbei, Petersilie), Salz und Pfeffer würzen. ¾ der Gemüsemischung bis zur gewünschten Konsistenz pürieren. Auf Suppenteller verteilen, und mit restlichem Gemüse sowie frischen Kräutern garnieren.

Mit Knoblauchcroûtons servieren.

„Hosd des scho ghärt?"
Gazpacho ist eine ursprünglich aus Andalusien stammende kalte Suppe aus ungekochtem Gemüse. Die Gazpacho kann man wunderbar einige Tage im Kühlschrank aufbewahren.

Fruchtiger Sommersalat

Mit Käsewürfeln und Johannisbeer-Dressing

Für 4 Portionen:

1 Blattsalat
5 Knoblauchzehen
Je 1 EL getr. Thymian und Majoran
200 g Frischkäse vom Schaf
16 EL Johannisbeeren
4 EL Honig
4 EL Essig, 8 EL Öl
Etwas Gemüsebrühe
Salz, Pfeffer

Den Salat putzen, zerkleinern und auf Tellern anrichten. 2 Knoblauchzehen fein würfeln und mit Thymian und Majoran vermengen. Den Frischkäse (je nach Konsistenz) in Würfel schneiden oder daraus Bällchen formen und in der Knoblauch-Kräutermischung wenden.

Die Johannisbeeren mit dem Honig pürieren. 3 Knoblauchzehen pressen und zugeben. Mit Essig, Öl, Salz und Pfeffer zu einem Dressing verrühren. Wem das Dressing zu fest ist, mit Gemüsebrühe verdünnen. Das Dressing über den Salat geben und servieren.

„So gangads aa"

Der Salat kann auch im Winter prima mit Feldsalat zubereitet werden. Für das Dressing können Sie statt frischen Johannisbeeren und Honig dann Johannisbeermarmelade verwenden.

Kloster Baumburg in Altenmarkt

Baumburger

Brotzeit'n Roll

Für 4 Portionen:

2 altbackene Brezen
125 ml Milch
2 kleine Zwiebeln
1 Knoblauchzehe
½ Kolben Zuckermais
2 EL Petersilie
30 g Butter
2 EL Bier
400 g Hackfleisch
1 Ei, Öl zum Braten
Salz, Pfeffer

Altbackene Brezen klein schneiden und in Milch einweichen, bis sie diese aufgesogen haben. Zwischenzeitlich Zwiebeln und Knoblauch kleinwürfeln, Maiskörner mit einem Messer vom Kolben lösen und mit der Petersilie in Butter ca. 5 Minuten glasig dünsten. Anschließend mit Bier ablöschen, beiseite stellen und abkühlen lassen.

Hackfleisch in einer Schüssel mit Ei und der ausgedrückten Brezen-Masse vermengen. Abgekühlte Zwiebelmischung und Gewürze dazugeben. Mit feuchten Händen mittelgroße Kugeln formen und anschließend zu einem flachen Burger drücken. In einer Pfanne das Öl erhitzen und vor der Zugabe der Burger auf mittlere Hitze schalten, damit diese nicht verbrennen.

Von jeder Seite ca. 3-4 Minuten mittelbraun braten und anschließend auf einem Küchenpapier abtropfen lassen.

Weitere Burgerzutaten:
Frische Semmeln, Gurke, Tomate, Joghurt, Knoblauch, Kresse. Semmeln aufschneiden, Burger drauflegen, mit Gurken- und Tomatenscheibe belegen, den Dip aus Joghurt, kleingehacktem Knoblauch und Kresse als Krönung, obere Semmelhälfte drauf, fertig!

Bioland Gärtnerei Dandl

Gisela Sengl & Hans Dandl

Gärtner zu sein, das schwebte Hans Dandl bereits mit Anfang 20 als Berufsziel vor. „Das möchte ich machen und das mach ich auch“, hat er damals entschieden. Der aus Sondermoning stammende Dandl half schon früh in der Landwirtschaft der Eltern mit und probierte vieles aus. In den frühen 80ern pflanzte er als einer der Ersten den damals neuartigen Brokkoli an und das mit Erfolg. Schließlich stellte der Garten- und Landschaftsbauer und Gartenbauingenieur 1984 den stetig gewachsenen Betrieb auf Bio-Gemüsebau um. Eine Vielzahl von Gründen trug dazu bei: z.B die damalige Umweltbewegung, Hormonfleisch-Skandale oder die Anti-Atomkraft-Bewegung. „Vor allem unsere Kinder sollten die Möglichkeit haben, sich natürlich zu ernähren und in einer intakten Umwelt zu leben“, erinnert sich Dandl. In den ersten Jahren verkauften sie ihr Gemüse in einer kleinen Holzhütte direkt auf dem Feld. „Wir sind gemeinsam mit den Wünschen und dem Zuspruch unserer Kunden gewachsen“, erzählt der passionierte Gärtner. Anfang 2000 entschlossen er und seine Frau Gisela Sengl sich, den ehemaligen Kuhstall in einen gut sortierten Hofladen umzubauen. „Unsere Kunden haben großes Vertrauen in unseren Laden und schätzen unser vielfältiges regionales Angebot“, sagt die ebenfalls gelernte Landschaftsgärtnerin stolz. Und Dandl fügt hinzu: „Regional ist umso besser, wenn die Lebensmittel so lokal wie möglich angebaut werden, und das können wir in vielen Bereichen bieten“. Spezialisiert hat sich Hans Dandl vor allem auf den Kartoffelanbau. Den Anbau seiner Lieblingskultur hat er in der Gegend wiederbelebt und betreibt ihn mit viel Herzblut.

Eingang zum Hofladen

Im Tomatenhaus

Gemüsefeld

Duftendes Blütenmeer

Erdebffe Salod

Lieblingsrezept von Gisela Sengl & Hans Dandl

Für 6-8 Portionen:

1,5 kg Kartoffeln
1 mittelgr. Zwiebel
125 ml Sonnenblumenöl
4 EL Apfelessig
1 TL Honig
¼ l Wasser kalt bzw. heiß
Salz, Pfeffer

Kartoffeln waschen, kochen, schälen und noch warm mit dem Gurkenhobel in eine Schüssel hobeln oder sehr fein schneiden. Die Zwiebel grob dazu reiben.

Sonnenblumenöl, Apfelessig, Honig und Salz sowie kaltes Wasser (bzw. heißes Wasser, wenn die Kartoffeln schon kalt sind) über die Kartoffeln geben. Das Ganze gut durchmischen und zugedeckt mindestens eine halbe Stunde durchziehen lassen, erst dann schmeckt er so richtig gut. Wenn Zeit ist, kann der Salat auch 2 Stunden ziehen.

Vor dem Servieren durchmischen und evtl. nachwürzen.

„Hosd des gwusst?"
Der Kartoffelsalat sollte nach Kartoffeln schmecken und weniger nach Essig oder Öl. Je mehliger die Kartoffel ist, desto länger muss man sie vor dem Hobeln auskühlen lassen. Am besten eignen sich jedoch speckige Kartoffelsorten, wie z.B. Ditta, Linda oder Allians.

Falknerei Burg Hohenaschau:
Hier kann man die faszinierende Welt der Greifvögel im historischen Ambiente des Schlosses Hohenaschau erleben.

Kohlrabi-Carpaccio

Hauchdünn wie eine Feder

Für 4 Portionen:

1 Kohlrabi
3 EL Öl
3 EL Essig
1 EL Sahne
Etwas Honig
Petersilie
2 EL Sonnenblumen-kerne
Salz, Pfeffer

Kohlrabi schälen und in sehr dünne Scheiben schneiden oder hobeln. Die Scheiben auf Tellern anrichten.

Die Sauce aus Öl, Essig und der Sahne mischen. Mit Salz, Pfeffer, Honig und gehackter Petersilie abschmecken und auf die Kohlrabi-Scheiben träufeln.

Die Sonnenblumenkerne in einer Pfanne ohne Fett anrösten und damit das Kohlrabi-Carpaccio garnieren.

„Hosd des gwusst?"
In Deutschland gibt es viele Kohlrabi-Sorten: rund 30 weiße und 14 blaue Sorten. Kohlrabis sind von Frühjahr bis Herbst aus heimischem Anbau verfügbar. Im Gemüsefach des Kühlschranks kann Kohlrabi ca. 1 Woche gelagert werden. Bei längerer Lagerung den Kohlrabi in ein feuchtes Tuch wickeln.

Herbst

Rote Traun

Pastinakenaufstrich

Für 4 Portionen:

1 große Pastinake
40 g Butter, weich
50 g Schnittkäse
4-5 TL Tomatenmark
(siehe Seite 157)
½ Schale Kresse
Salz, Pfeffer

„Hosd des gwusst?"
Die Rote Traun ist der östliche Quellfluss der Traun in Oberbayern. Er vereinigt sich nördlich von Siegsdorf mit der Weißen Traun zur Traun.

Die Pastinake schälen und fein reiben, den Schnittkäse ebenfalls reiben. Die Pastinake mit der weichen Butter, dem geriebenen Käse, dem Tomatenmark und der geschnittenen Kresse in eine Schüssel geben und zu einer Paste verrühren. Mit Salz und Pfeffer nach Geschmack würzen.
Zu Brezen oder Bauernbrot reichen.

Linsensalat

Feines Aroma-Erlebnis

Für 4 Portionen:

400 g Beluga-Linsen
10 Cocktailtomaten
2 Frühlingszwiebeln
4 EL Leindotteröl
3 EL Essig
Salz, Pfeffer

Linsen verlesen, waschen und in der doppelten Menge Wasser 20 Minuten kochen. Evtl. zum Schluss übriges Wasser bei offenem Deckel verdampfen lassen.

Tomaten je nach Größe halbieren oder vierteln, Frühlingszwiebeln in Scheiben schneiden. Gemüse mit den Linsen sowie dem Öl und Essig mischen, mit Salz und Pfeffer abschmecken.

„So gangads aa"

Zum Variieren etwas gewürfelten Schafskäse oder ausgelassenen Speck unter den Salat mischen.
Oder Sie mischen noch kleingeschnittenes frisches Gemüse der Saison darunter. Was alles im Herbst in der Region wächst, erfahren Sie im Chiemgauer Saisonkalender ab Seite 181.

Streichenkirche bei Schleching

Streichensalat

Mozzarella-Apfel-Salat

Für 4 Portionen:

1 Eichblattsalat
2 Äpfel
Walnüsse nach Belieben
125 g Mozzarella
4 EL Öl
6 EL Apfelsaft
½ TL flüssiger Honig
4 Zweige Dill
Salz, Pfeffer

Eichblattsalat waschen und Blätter in mundgerechte Stücke zupfen. Äpfel vierteln, entkernen und klein schneiden.

Walnüsse knacken, Mozzarella klein schneiden und beides zusammen mit den Äpfeln unter den Salat mischen.

Aus Öl, Apfelsaft, Honig, gehacktem Dill, Salz und Pfeffer eine Sauce anrühren und unter den Salat mischen.

„Hosd des gwusst?"
Die Streichenkirche diente zur Zeit der Streichenritter im 12. Jahrhundert als Burgkapelle. Sie offenbart einen herrlichen Ausblick auf Schleching und Hochplatte.

Bauernhausmuseum Amerang:
Einblicke in den ländlichen Alltag des Chiemgaus und des Rupertiwinkels bietet das Bauernhausmuseum Amerang inmitten von Gärten und Streuobstwiesen.

Zucchinisalat

Eine herbstliche Begleitung

Für 4 Portionen:

3 dünne Zucchini
1 Zwiebel
1 Knoblauchzehe
6 EL Joghurt
4 EL Öl
4 EL Essig
1 TL Petersilie
50 g Walnüsse
Salz, Pfeffer

Die Zucchini der Länge nach in sehr dünne Scheiben hobeln oder schneiden und leicht salzen. Zwiebel und Knoblauch sehr fein hacken. Joghurt, Öl und Essig glatt rühren und zusammen mit der Zwiebel-Knoblauchmischung sowie der gehackten Petersilie unter die Zucchini rühren. Mit Salz und Pfeffer abschmecken.
Die Walnüsse grob hacken und über den Salat streuen.

Tipp: Zwiebel und Knoblauch können mit Joghurt, Öl, Essig und Petersilie mit einem Pürierstab gemixt werden. Dadurch wird das Dressing cremiger.

„Hosd des gwusst?"
Zucchini können etwa 14 Tage aufbewahrt werden. Die Temperatur von 10°C darf allerdings nicht unterschritten werden, sonst werden sie bitter und weich.

Winter

Fischbällchen

Runde Glücksmomente

Ergibt 35-40 Bällchen:

50 g Brotwürfel, altbacken
1 Zwiebel
1-2 Karotten
Butterschmalz
500 g Forellenfilet
2 kleine Eier
1 EL Apfelessig
3 Zweige Dill
Salz

Die Brotwürfel mit etwas Wasser beträufeln und einweichen lassen. Zwiebel und Karotten in kleine Würfel schneiden und in etwas Butterschmalz ca. 5 Minuten andünsten. Zum Abkühlen beiseite stellen.
Das Forellenfilet grob würfeln und in einen Mixbecher geben. Die eingeweichten Brotwürfel, Eier und Essig zufügen und mit einem Pürierstab fein pürieren.
Die abgekühlten Zwiebeln und Karotten sowie den klein gehackten Dill unter die Fischmasse mischen und mit Salz würzen.
Aus der Masse walnussgroße Kugeln formen und diese in Butterschmalz 5-6 Minuten unter regelmäßigem Wenden braten, dann auf Küchenpapier abtropfen lassen.

Tipp: Für besonders knusprige Fischbällchen diese vor dem Braten in ca. 2 EL Semmelbrösel wenden.

„Hosd des scho ghärt?"
Jeder 2. bis 3. konsumierte Fisch stammt mittlerweile aus sog. Aquakultur. Das führt auch zu negativen Folgen für Umwelt und Verbraucher.
Fische aus ökologischer Aquakultur stellen eine umwelt- und tiergerechte Alternative dar.

Rahnersalat

Rote Bete – einfach und gschmackig

Für 4 Portionen:

4 Rote Bete, mittel-groß
3 EL Essig
1 EL Honig
½ TL Kümmel, ganz
50 g Walnüsse
1 EL gehackte Petersilie

Rote Bete waschen und ungeschält in einem Topf mit Wasser in ca. 30-40 Minuten gar kochen.
In der Zwischenzeit die Walnüsse und die Petersilie grob hacken.
Essig in einem kleinen Topf erwärmen, Honig darin auflösen und Kümmel dazugeben. Alles gut vermischen.
Die gekochte Rote Bete kurz mit kaltem Wasser abschrecken und pellen. Die Haut lässt sich im warmen Zustand am besten ablösen.
Anschließend die Rote Bete in Scheiben schneiden und auf einem Teller oder in einer Schale anrichten.
Noch warm mit der Essig-Honig-Soße übergießen und während dem Auskühlen ziehen lassen. Zum Schluss mit den Walnüssen und der Petersilie bestreuen und servieren.

„So gangads aa“

Ein Apfel in Stückchen geschnitten gesellt sich gerne zu der Roten Bete. Einfach mal verschiedene Sorten ausprobieren: einen süß-saftigen Apfel wie Topaz oder einen leicht nussartig schmeckenden Apfel wie Goldparmäne. Hauptsache aus der Region.

Feldleinsalat

Grün ist nicht nur der Tannenbaum

Für 4 Portionen:

350 g Feldsalat
4 EL Leinsamen
100 g Hartkäse
4 EL Essig
4 EL Leindotteröl
Salz, Pfeffer

Den Feldsalat gründlich waschen, trockenschleudern und in eine Schüssel geben.
Leinsamen in einer Pfanne ohne Fett leicht anrösten. Den Hartkäse in sehr dünne Scheiben schneiden oder hobeln. Geröstete Leinsamen und Käse zum Salat geben.
Aus Essig, Öl, Salz und Pfeffer eine einfache Vinaigrette mischen und mit dem Feldsalat vermengen.

„Hosd des gwusst?"
Funde aus der Zeit der Kelten belegen, dass Leindotter (nicht zu verwechseln mit Leinsamen) eine uralte Kulturpflanze ist. Das Öl duftet nach frisch gemähtem Löwenzahn, hat eine hellgold-grüne Farbe und ist mild, voll und rund im Geschmack.

Grünkohlsalat

Schnelle und einfache Vitaminzufuhr

Für 4 Portionen:

350 g Grünkohl
1 Apfel
15 Walnüsse
1 TL Honig
4 EL Hanföl
2 EL Apfelessig
Salz, Pfeffer

Die Grünkohlblätter vom Strunk abschneiden und die Blätter gut waschen. Den Grünkohl 4-5 Minuten in kochendem Salzwasser blanchieren, dann abgießen, kurz unter kaltem Wasser abschrecken und gut abtropfen lassen. Grünkohl in mundgerechte Stücke schneiden und in eine Schüssel geben.
Apfel achteln und in kleine Stücke schneiden, zum Grünkohl geben. Die Walnüsse ohne Fett in einer Pfanne rösten, dann die Hitze etwas reduzieren und den Honig zufügen. Die Walnüsse im zerlaufenden Honig schwenken und zum Salat geben. Hanföl und Essig vermischen, kurz in der Pfanne schwenken und dann über den Salat gießen. Alles mischen und mit Salz und Pfeffer abschmecken.

„Hosd des scho ghärt?“

Regional wird Grünkohl auch Braunkohl, Hochkohl, Winterkohl, Strunkkohl oder Krauskohl genannt.
Ein später Erntezeitpunkt und tiefe Temperaturen lassen den Zuckergehalt in den Blättern ansteigen. So schmeckt spät geernteter Grünkohl süß und u.a. nicht mehr bitter.

St.-Anna-Kapelle

Wintersalat

Griabig durch den Winter

Für 4 Portionen:

300 g Weißkraut
2 Karotten
100 g Rosenkohl
60 g Einlegegurken (siehe Seite 158)
8 EL Joghurt
1 EL Essig
1 EL Öl
Paprikapulver
Salz, Pfeffer

Weißkraut ohne Strunk raspeln. Das Kraut mit ½ TL Salz leicht mürbe stampfen, bis etwas Flüssigkeit aus dem Kraut austritt. Dann Karotten und Rosenkohl zum Kraut reiben. Die Gurken fein würfeln und ebenfalls zugeben.

Joghurt, Essig, Öl und Paprika hinzugeben und vermengen. Mit Salz und Pfeffer abschmecken und servieren.

„Brobian geht üwa studian!"
Probieren Sie auch anderes, geriebenes Gemüse dazu: Wie wäre es mit Pastinaken, Petersilienwurzeln oder einem schwarzen Rettich?

„Wos Siass geht ollawei eini“ - ob Schleckerei oder Süßkram. Naschkatzen haben hier die Qual der Wahl: Hollerküchle, Buchteln, Kuchen, Strudel oder einfache, leichte und schnelle Nachspeisen. Auf jeden Fall sind sie das Tüpfelchen auf dem „i“ für den besonderen Abschluss einer Mahlzeit.

Wos Siass

Süßkram

Frühling

Hollerküchle

Einfache Sommerfreuden

Für 4 Portionen:

2 TL Honig
150 g Mehl
250 ml Milch
2 Eier
12-14 Holunderblütendolden
Öl oder Butterschmalz
zum Ausbacken
Flüssiger Honig
Salz

Honig in etwas warmem Wasser auflösen. Mit gesiebtem Mehl und der Milch vermengen. Eier trennen, Eigelb in den Teig geben und verrühren. Eiweiß mit einer Prise Salz in einem Rührbecher zu Schnee schlagen und unter den Teig heben.
Holunderblüten vorsichtig waschen und trocken tupfen. Ausreichend Öl oder Butterschmalz in einer Pfanne erhitzen. Sobald kleine Bläschen an einem Holzlöffel im heißen Fett hochsteigen, ist die richtige Brattemperatur erreicht. Jede Dolde durch den Teig ziehen. Kücherl schwimmend im Fett backen und auf einem Küchenpapier abtropfen lassen. Mit flüssigem Honig beträufeln.

Butterschmalz herstellen:
250 g Butter auf kleiner Flamme schmelzen und so lange köcheln lassen, bis sie anfängt zu zischeln (nach ca. 20-30 Minuten). Dann die flüssige Butter durch ein mit Küchenpapier ausgelegten Sieb in ein sauberes Glas filtern. Die Rückstände im Sieb werden entsorgt, verwendet wird das goldgelbe Butterschmalz. Bei Zimmertemperatur einige Wochen, im Kühlschrank mehrere Monate haltbar.

Bio-Beeren vom Franz

Gabi & Franz Eitzinger

Der Duft von frischen Beeren, hausgemachter Marmelade und ein Hauch von „Schmäh“ - das gehört zur Lebensqualität der Familie Eitzinger aus Frabertsham, die hier einen vielseitigen Demeter-Hof betreibt. Der gebürtige Österreicher Franz Eitzinger liebt neue Herausforderungen. So schlossen sich an seine landwirtschaftliche Ausbildung u.a. eine mehrjährige Entwicklungsarbeit in Papua-Neuguinea und Nigeria an. Dann fand er jedoch sein Glück in Frabertsham. Dort lernte er Gabi Eitzinger kennen, die im elterlichen Wirtshaus bediente. „In Papua Neuguinea habe ich gesehen, wie die Einheimischen die größten Bohnen und Tomaten aus dem Busch gebracht haben und das ganz ohne Pflanzenschutz“ erinnert sich Franz Eitzinger und war davon überzeugt, „das kann ich auch mit Bio-Erdbeeren“. Zudem dachte er an seine Kinder, die in einer unverfälschten Natur aufwachsen sollten. Erfahrungen im Erdbeeranbau sammelte er als Verwalter in einem Erdbeerbetrieb. 1990 beschloss das Ehepaar den Schritt in die Selbstständigkeit und pachtete Flächen für den Anbau. Heute wachsen hier verschiedene Beeren - auch zur Selbsternte - Getreide und Knoblauch und es weiden schottische Hochlandrinder. Während Franz Eitzinger für den Anbau zuständig ist, geht Gabi Eitzinger ihrer Leidenschaft, dem Kochen, nach. Im Jahr 2000 kam die Idee mit der Marmeladenküche, in der sie die hofeigenen Beeren in liebevoller Handarbeit zu köstlichen Fruchtaufstrichen verarbeitet. Ihr Grundsatz: „Ich möchte nur das verarbeiten, was wir auch selber anbauen“. Angeboten werden die Produkte im Hofladen und auf verschiedenen Bauernmärkten der Region.

Bio-Beere macht Karriere

Weg ins Beerenfeld

Heidelbeerfeld

Mmmhh, lecker Früchte

Topfenpalatsch

Lieblingsrezept von Gabi & Franz Eitzinger

Für 4 Portionen:

150 g Mehl
375 ml Milch
5 Eier
1 MSP Salz
Öl zum Braten
2 EL Honig
250 g Topfen (Quark)
150 g Sauerrahm

Mehl, Milch, 3 Eier und Salz zu einem dünnflüssigen Pfannkuchenteig verarbeiten und 20 Minuten quellen lassen. In einer Pfanne in heißem Öl dünne Pfannkuchen ausbacken.
Die restlichen Eier trennen, Eiweiß beiseite stellen. Eigelbe mit dem Honig schaumig rühren, Quark und Sauerrahm zugeben und glatt rühren. Eiweiß steif schlagen und unter die Quarkmasse ziehen. Je 1 EL der Quarkmasse auf der vorderen Hälfte eines Pfannkuchens verteilen und aufrollen. Pfannkuchen nebeneinander in eine Auflaufform legen und mit der restlichen Masse bestreichen. Bei 170°C (Umluft, mittlere Schiene) 20 Minuten goldgelb backen. Erdbeerragout (siehe Tipp) zu den noch warmen Palatschinken servieren. Nach Belieben mit klein gehackter Minze oder Zitronenmelisse garnieren.

Erdbeerragout für die Topfenpalatschinken:
500 g Erdbeeren
Honig nach Belieben

200 g Erdbeeren pürieren. Restliche Erdbeeren vierteln und mit dem Püree vermischen. Nach Belieben mit Honig abschmecken.

Edel-Traun-Steine

Rhabarber-Sauerrahm-Sorbet

Für 4 Portionen:

350 g Rhabarber
200 g Honig
300 g Erdbeeren
1 Eigelb
50 g weiche Butter
250 g Sauerrahm oder Schmand

Rhabarber in Würfel schneiden und in ein wenig Wasser mit der Hälfte des Honigs weich garen. Erdbeeren putzen, zugeben und einmal aufkochen. Anschließend fein pürieren und abkühlen lassen. In der Zwischenzeit Eigelb mit etwas Honig verrühren. Zusammen mit der Butter zum abgekühlten Fruchtmus geben und nochmals pürieren.
Sauerrahm oder Schmand mit dem restlichen Honig verrühren.
Eine Kastenform mit Frischhaltefolie auslegen. Abwechselnd den Sauerrahm oder Schmand und das Fruchtmus einschichten und mindestens für 10 Stunden in den Gefrierschrank stellen.

Das Sorbet 15-20 Minuten vor dem Servieren aus dem Eisfach nehmen, stürzen, in Scheiben schneiden und leicht angetaut servieren.

„So gangads aa"

Das Sorbet gelingt auch mit anderen Früchten sehr gut. Probieren Sie es doch mal im Sommer mit Stachelbeeren, Himbeeren, Johannisbeeren oder Blaubeeren und im Herbst mit Zwetschgen oder Holunderbeeren.

Sonnenalm

Kirschenmichl

Einfach zubereitet

Für 4 Portionen:

8 altbackene Semmeln
¾ l Milch
3 EL flüssiger Honig
2 Eier
750 g Kirschen
30 g Butter
Salz

Die Semmeln in Scheiben schneiden und in eine Schüssel oder flache Form legen. Die Milch, 1 Prise Salz, Honig und Eier gut verquirlen. Zu den Semmeln gießen und durchziehen lassen, ggf. von Zeit zu Zeit wenden.

In der Zwischenzeit Kirschen waschen, abtropfen lassen und entsteinen.

Backofen auf 200°C (Ober- und Unterhitze) vorheizen. Eine Auflaufform mit der Hälfte der Butter einfetten.

Die durchgezogenen Semmelscheiben in die Auflaufform geben, die Kirschen dazwischen verteilen. Die übrige Eiermilch in die Form dazu gießen, mit Butterflocken belegen. Im Backofen etwa 30-40 Minuten backen.

„Brobian geht üwa studian!"
Statt Kirschen können im Herbst oder Winter auch Zwetschgen oder Äpfel verwendet werden. Im Winter passen Vanille und Zimt als Gewürze gut zu diesem einfachen Gericht.

Sommer

Himbeertraum

Erfrischender Sommer-Nachtisch

Für 4 Portionen:

500 g Joghurt
4 EL Honig
200 g Himbeeren

Den Joghurt mit dem Honig glatt rühren. Ein paar Himbeeren beiseite legen. Die restlichen Himbeeren pürieren, ggf. durch einen Sieb streichen, falls die Kerne nicht erwünscht sind. Nach Belieben mit Honig süßen.
Abwechselnd Joghurt und Himbeermus in ein Glas schichten, damit ein schönes Muster entsteht. Mit den Himbeeren garnieren.

Tipp: Himbeeren mit ein paar Blättchen frischer Minze pürieren und als Garnitur ebenfalls Minze verwenden.

„Hosd des scho ghärt?“
Dieser beerige Sommernachtisch lässt sich schnell vorbereiten. Schmeckt auch lecker zum Frühstück, dann noch ein paar geröstete Getreideflocken untermischen.
Himbeeren:
Manche Himbeersorten können schon ab Juni geerntet werden, z.B. die frühe ‚Glen Ample‘ – andere bis in den Spätherbst, z.B. ‚Autumn Bliss‘.

Johannisbeer-Milli

Erfrischend an einem warmen Sommertag

Für 4 Portionen:

100 g Johannisbeeren
100 ml Milch
60 ml Sahne
Einige Blättchen Zitronenmelisse
Honig

Johannisbeeren waschen. Vier Rispen für die Dekoration beiseite legen. Die restlichen Beeren entstielen.

Johannisbeeren, Milch, Sahne und Zitronenmelisse mit dem Pürierstab oder in einem Mixer pürieren und nach Belieben mit Honig süßen. Eventuell durch ein Sieb passieren.

In vier Gläser füllen und mit Zitronenmelisse und den Johannisbeerrispen garnieren.

„So gangads aa"

Haben Sie keine frische Zitronenmelisse zur Hand, können Sie stattdessen auch frische oder getrocknete Pfefferminze verwenden.

Hirschauer Buchteln

Buchteln mit Weichselfüllung

Für 16 Stück:

450 g Mehl
150 ml Milch
30 g Hefe (frisch)
1 TL flüssiger Honig
100 ml Öl
50 g flüssiger Honig
2 Eier
Ca. 300 g Weichseln
150 g Quark
80 g Butter
Flüssiger Honig

Mehl in eine Schüssel sieben und eine Mulde hineindrücken. Darin 5 EL Milch, Hefe und 1 TL Honig mit etwas Mehl aus der Mulde verrühren und an einem warmen Ort ca. 15 Minuten gehen lassen. Restliche Milch, Öl, Honig und Eier zufügen und Teig solange kneten, bis er sich gut von der Schüssel löst. An einem warmen Ort auf die doppelte Größe gehen lassen. In der Zwischenzeit die Weichseln entsteinen und den Quark mit etwas Honig verrühren. In einer Reine die Butter schmelzen. Den Teig nochmal durchkneten, in 16 gleichgroße Stücke teilen und etwas flach drücken. In jeden Fladen jeweils 1-2 TL Quark geben und Weichseln darauf legen. Zu einer Kugel formen, in der zerlassenen Butter wenden und in die Reine setzen. Nochmal 15 Minuten gehen lassen. Backofen auf 180°C (Umluft) vorheizen und Buchteln 30 Minuten backen. Noch warm servieren!

„Hosd des scho ghärt?"
Die Hirschauer Bucht bei Grabenstätt liegt im Naturschutzgebiet der Tiroler Achenmündung. Für Naturbeobachter hat der Abwasser- und Umweltverband Chiemsee (AZV) Naturbeobachtungsstationen errichtet, wo man Vögel beobachten kann, ohne sie zu stören.

Sommerkuchen

Stachelbeer-Schmand-Kuchen

Für 1 Backblech:

250 g weiche Butter
500 g Honig
5 Eier
500 g Mehl
1 TL Backpulver
800 g Stachel- oder Jostabeeren
½ TL Zimt
400 g Schmand

Butter mit 250 g Honig schaumig rühren. Nach und nach 3 Eier unterrühren. Zum Schluss Mehl mit Backpulver vorsichtig unter den Teig heben.
Backofen auf 175°C (Ober- und Unterhitze) vorheizen. Ein Backblech mit Backpapier auslegen und die Teigmasse darauf verteilen. Die Stachelbeeren waschen und auf dem Teig verteilen. 50 g Honig mit dem Zimt vermengen und auf die Stachelbeeren träufeln. Im Backofen (mittlere Schiene) etwa 20 Minuten vorbacken.
In der Zwischenzeit den Schmand mit 200 g Honig und 2 Eiern verrühren. Kuchen aus dem Ofen nehmen und Guß darauf verteilen. Dann weitere 30-40 Minuten backen.

„Hosd des gwusst?“

Stachelbeeren reifen von Juni bis August heran. Es gibt sie in vielen Sorten und Farben: als gelbe, rote, grüne oder weiße Früchte.
Probieren Sie auch mal eine Besonderheit: die Jostabeere. Sie ist eine säuerlich schmeckende Kreuzung zwischen Stachelbeere und schwarzer Johannisbeere.

Nostalgiezug LEO

Weiss-blauer Quark

Heidelbeer-Quarkspeise

Für 4 Portionen:

200 ml Sahne
500 g Quark
100 g Honig
500 g Heidelbeeren

Die Sahne steif schlagen. Nach und nach Quark und Honig unterheben, dann mehrere Stunden kaltstellen.

Quarkmasse in Schälchen füllen oder auf einem Teller anrichten und die Heidelbeeren darüber verteilen.

Lässt sich schnell und gut vorbereiten.

„Hosd des scho ghärt?"

Der Nostalgiezug LEO mit historischem Diesel-Triebwagen der Chiemgauer Lokalbahn fährt an Sonn- und Feiertagen von Bad Endorf über Halfing und Amerang nach Obing (zwischen Mai bis Ende September/Anfang Oktober). Fahrradmitnahme ist möglich. An besonderen Tagen treibt eine Dampflokomotive den Wagen an.

Herbst

Herbstbaum

Herbstfreude

Zwetschgen-Crumble mit Eis

Für 4 Portionen:

10 EL Honig, 90 ml Wasser
3 Eier
225 ml Sahne
500 g Zwetschgen
1 TL Zimt
50 g Walnüsse, ganz
50 g Walnüsse, gemahlen
50 g Butter

Für das Eis 5 EL Honig mit 90 ml Wasser unter Rühren erwärmen. Vom Herd nehmen und abkühlen lassen. Eier trennen. Eigelb verrühren und zusammen mit der Sahne unter die Honig-Wasser-Mischung rühren. Das Eiweiß steif schlagen und unter die Eigelb-Sahne-Mischung heben. Im Gefrierfach mindestens 4 Stunden gefrieren lassen. In den ersten beiden Stunden alle 30 Minuten umrühren, damit sich keine Eiskristalle bilden.
Auflaufform einfetten. Zwetschgen entsteinen, vierteln und in der Form verteilen. Zimt darüberstreuen und mit 2 EL Honig beträufeln. Backofen auf 200°C (Ober- und Unterhitze) vorheizen.

Für die Streusel die Walnüsse grob hacken und mit den gemahlenen Walnüssen sowie 3 EL Honig mischen. Geschmolzene Butter zufügen und mit einer Gabel zu Streuseln verrühren. Diese über die Zwetschgen verteilen und für ca. 15 Minuten (mittlere Schiene) backen.
Zwetschgen-Crumble lauwarm mit einer Kugel Eis servieren.

„Hosd des scho ghärt?"
Mit über 2.000 Arten zählen Pflaumen zu den sortenreichsten Obstarten. Der Unterschied zwischen Pflaume und Zwetschge liegt in der Form: Pflaumen sind eher rundlich, während Zwetschgen eine längliche Form aufweisen.

Irmgärtchen

Irmgard Hutterer

Die Bio-Gärtnerei Irmgärtchen auf einer Anhöhe in Laiming bei Frasdorf mit Blick auf die Kampenwand ist Arbeitsplatz von Irmgard Hutterer. Das Motto der heimatverbundenen Gärtnermeisterin: „I bin von Laiming, des is mei Platzl und des Fleckerl Land bebau´ i". Die ländliche Lebensweise der Eltern prägte sie in ihrer Kindheit und vermittelte ihr eine tiefe Naturverbundenheit. 2005 absolvierte sie eine Gärtnerlehre in einer Bio-Gärtnerei am nahe gelegenen Simssee. Direkt danach wagte sie den Sprung in die Selbstständigkeit. Von ihrem Onkel pachtete sie Flächen und los ging es. Für die leidenschaftliche Gärtnerin kam nur die ökologische Wirtschaftsweise in Frage: „Wieso die Welt mit Chemikalien vergiften, wenn es auch anders geht?!". Und: „Wenn ich mir etwas in den Kopf setze, dann mach ich das auch". So baute sie ihre Gärtnerei und den Hofladen mit viel Mut und Tatkraft auf. Der Name „Irmgärtchen" war schnell gefunden, ein Freund brachte sie darauf. Für sie ist das Schönste an ihrem Beruf: „Barfuß durch die Beete gehen, geerdet sein und den Pflanzen das Drumherum für ein gesundes Wachstum bieten". Gepflanzt wird alles mit der Hand, da der lehmige Boden für Maschinen zu nass ist. „Es regnet viel im Chiemgau, aber dafür ist es schön grün hier", lacht sie. Neben dem großen Tomatensortiment und dem vielfältigen Gemüseangebot bietet sie im Hofladen ein breites Naturkost- und Käsesortiment an. Gerade dieses regionale Angebot und die ökologische Wirtschaftsweise sind für ihre Kunden wichtig. „Wow, sind die Tomaten gut!", hört sie oft im Hofladen oder am Stand auf dem Priener Wochenmarkt.

Gemüsefeld mit Ausblick

Auf dem Markt

Auf zur Irmi

Blumenpracht am Hof

Zucchinikuchen

Lieblingsrezept von Irmgard Hutterer

Für 1 Backblech:

Etwas Butter
400 g Zucchini
250 ml Öl
300 g Honig
3 Eier
390 g Mehl
1 Pck. Backpulver
150 g Nüsse, gem.
3 TL Zimt
Salz

Backblech oder 2 Springformen mit Butter einreiben oder mit Backpapier auslegen. Backofen auf 175°C (Umluft) vorheizen.

Zucchini grob raspeln und beiseite stellen.

Die Eier mit einer Prise Salz schaumig rühren. Honig einlaufen lassen. Das Öl unter Rühren langsam zugeben. Zuerst die geriebenen Zucchini, dann das gesiebte Mehl mit Backpulver, die gemahlenen Nüsse und den Zimt unterheben.
Teig auf dem Blech verteilen und ca. 45 Minuten auf mittlerer Schiene backen.

„Hosd des gwusst?"
Der Zucchinikuchen ist in nullkommanix zubereitet und begeistert jeden, der ihn probiert. Durch die Zucchini bleibt der Kuchen auch nach mehreren Tagen kühler Aufbewahrung schön saftig.

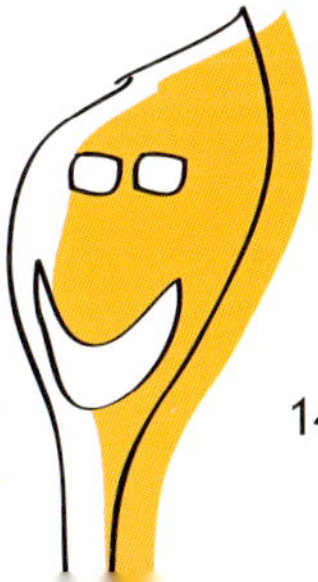

Schloss Herrenchiemsee:
Das Neue Schloss Herrenchiemsee des "Märchenkönigs" Ludwig II. auf der gleichnamigen Chiemsee-Insel ist dem Schloss Versailles nachempfunden.

Herrenkuchen

Apfel-Kürbiskuchen auf Biskuitboden

Für 1 Backblech:

5 Eier
Butter zum Einfetten
400 g Kürbis (z.B. Hokkaido)
2 Äpfel
5 EL flüssiger Honig
120 g Mehl
1 MSP Backpulver
Salz

Für den Biskuitteig die Eier trennen. Eiweiß in eine Rührschüssel geben und im Kühlschrank kalt stellen.
Backofen auf 210°C (Ober- und Unterhitze) vorheizen. Backblech mit Butter einfetten.
Kürbis und Äpfel (nach Belieben schälen) in kleine Würfel schneiden und mit 1 EL Honig vermischen.
Eiweiß mit einer Prise Salz sehr steif schlagen. Nach und nach den restlichen Honig zufügen. Eigelb sowie gesiebtes Mehl und das Backpulver rasch unter den Eischnee heben. Den Teig auf das Blech geben, die Kürbis- und Apfelstücken darauf verteilen und auf mittlerer Schiene 12-15 Minuten backen.

„Hosd des gwusst?"
Mehl bei einem Biskuitteig nur rasch unterheben. Wenn man zu lange rührt, verliert der Teig seine luftige Konsistenz.

Apfelkuchen

Vom Blech

Für 1 Backblech:

3 Eier
200 g Honig
300 g Mehl
1 Pck. Backpulver
100 ml Apfelsaft
2 Äpfel
Pfeffer

Die Eier mit dem Honig schaumig schlagen. Das Mehl mit dem Backpulver vermischen und nach und nach unterrühren. Den Apfelsaft zugeben. Ein Backblech mit Backpapier auslegen und die Teigmasse darauf verteilen. Backofen auf 180°C (Umluft) vorheizen.

Die Äpfel schälen, das Kernhaus ausstechen und in runde Scheiben schneiden. Die Apfelscheiben auf dem Teig nebeneinander verteilen. Mit etwas Pfeffer aus der Mühle bestreuen.

Im vorgeheizten Backofen (mittlere Schiene) ca. 45 Minuten goldbraun backen.

„So gangads aa“

Anstelle der Äpfel und des Apfelsaftes können auch Birnen und Birnensaft verwendet werden.

Wie wäre es mit alten, regionalen Sorten: Z. B. der süßlichen Sorte ‚Forellenbirne‘ oder der angenehm säuerlichen Sorte ‚Alexander Lukas‘?
Im ökologischen Anbau erfahren verstärkt alte und regionale Sorten eine Renaissance.

Simssee

Simsseebergerl

Quark-Birnen-Muffin

Für 12 Muffins:

2 mittelgroße Birnen
1 EL Butter
250 g Quark
4 EL Honig
2 Eier
1 EL Öl
280 g Mehl
1 TL Backpulver
Puderzucker

Geschälte und grob gewürfelte Birnen in einem Topf mit Butter erhitzen und ca. 10 Minuten weich schmoren, anschließend abkühlen lassen. Backofen auf 190°C (Umluft) vorheizen.
Quark, Honig, Eier und Öl glatt rühren. Gesiebtes Mehl und Backpulver dazugeben und vermischen. Alles mit der abgekühlten Birnenmasse zügig verrühren.
Muffinsform einfetten oder mit Papierbackförmchen auslegen. Je 2 gehäufte EL Teig in jede Vertiefung füllen, abh. von der Förmchengröße. Die Muffins im Backofen (mittlere Schiene) ca. 30 Minuten backen.
Die abgekühlten Muffins nach Belieben mit Puderzucker bestreuen.

„Hosd des scho ghärt?"
Der Simssee liegt in einer sanften Hügellandschaft mit zum großen Teil unberührten Schilf- und Uferzonen eingebettet. Eine Umrundung des Sees kann zu Fuß oder mit dem Rad erfolgen. Da der See eine maximale Tiefe von nur 22 m hat, lockt er im Sommer nicht selten mit Temperaturen von über 20°C zahlreiche Badegäste an.

Winter

Blick aufs Bayerische Meer

Dampfernudeln

Mit Volldampf in den Genuss!

Für 12 Stück:

450 g Mehl
150 ml Milch, lauwarm
30 g Hefe, frisch
Ca. 3 EL flüssiger Honig
100 ml Öl
2 Eier

50 g Butter
250 ml Milch
3 EL flüssiger Honig

Mehl in eine Schüssel sieben und eine Mulde hineindrücken. Darin 5 EL Milch, Hefe und 1 TL Honig mit etwas Mehl verrühren. Vorteig an einem warmen Ort ca. 15 Minuten gehen lassen. Restliche Milch, Öl, Eier und 1 EL Honig zufügen und Teig solange kneten, bis er sich gut von der Schüssel löst. An einem warmem Ort auf die doppelte Menge gehen lassen.

Teig in 12 Stücke teilen, zu Kugeln formen und auf einer bemehlten Arbeitsfläche gehen lassen.
In einer Pfanne Butter zerlassen, Milch und Honig zufügen. Nudeln in die Pfanne legen, gut schließenden Deckel aufsetzen und bei mittlerer Hitze zum Kochen bringen.
Ca. 30 Minuten kochen bis die Flüssigkeit aufgesogen ist. Wenn die Dampfnudeln fertig sind, hört man ein leichtes Krachen. Dann Herd ausschalten, ggf. Topf von der Herdplatte nehmen und noch einige Minuten nachziehen lassen. Deckel erst zum Schluss öffnen, sonst fallen die Dampfnudeln zusammen.

„Hosd des gwusst?"
Erbaut im Jahr 1926 als Salondampfer, ist der Raddampfer „LUDWIG FESSLER" auch heute noch das schönste Schiff am Bayerischen Meer. Er wurde 1995 liebevoll renoviert und lädt zu einer nostalgischen Fahrt über den Chiemsee ein.

Kürbiskuchen

Amerikanischer Besuch im Chiemgau

Für 1 Springform (Ø 28 cm):

400 g Kürbis
100 ml Apfelsaft
125 g Quark
3 EL Wasser, 4 EL Öl
4 Eier
3 EL flüssiger Honig
200 g Mehl
½ TL Backpulver
100 g fester Joghurt
Butter für die Form

Kürbis waschen, ggf. schälen (beim Hokkaido nicht notwendig) und in kleine Würfel schneiden. Apfelsaft erwärmen und Kürbis darin 10-15 Minuten weich kochen. Dann noch einige Minuten auf ausgeschalteter Herdplatte ziehen lassen, bis der Apfelsaft vom Kürbis ganz aufgesogen ist. Backofen auf 180°C (Umluft) vorheizen. Eine Springform mit Butter einfetten.
Für den Boden Quark mit Wasser, Öl, 2 Eiern und 1 EL Honig vermischen. Mehl und Backpulver dazufügen und gut vermengen. In der Springform verteilen und einen Teigrand formen.
Abgekühlten Kürbis mit 2 Eiern, 2 EL Honig und Joghurt fein pürieren.
Füllung auf den Teig geben und 30-40 Minuten (mittlere Schiene) backen.

„So gangads aa"

Anstelle des Joghurts kann auch Schmand für die Kürbismasse verwendet werden.

Für eine besonders winterliche Note eine Prise Zimt unter die pürierte Kürbismasse mischen.

Schlittschuhlauf am Kloster Seeon

Walnusskrapferl

Narrisch guad

Für ca. 60 kleine Krapferl:

100 g Butter
2 Eier
3 EL Sahne
2 EL flüssiger Honig
250 g Mehl
1 TL Backpulver
100 g Walnüsse
Öl zum Ausbacken

Butter, Eier, Sahne und Honig schaumig rühren, anschließend das gesiebte Mehl und das Backpulver unterrühren. Zu einem glatten Rührteig verarbeiten und zum Schluss klein gehackte Walnüsse untermischen.
Mit einem Teelöffel Teignockerl auslösen, zu kleinen Kugeln verarbeiten und anschließend zu Talern leicht zusammendrücken. Diese in heißes Öl einlegen und unter mehrmaligem Wenden in ca. 2 bis 3 Minuten goldbraun ausbacken. Die Krapferl vor dem Servieren auf einem Küchenpapier abtropfen lassen.

Tipp: Das Öl darf nicht allzu heiß sein, da sonst die Krapferl außen schnell dunkel werden, aber innen noch roh bleiben.

„Hosd des gwusst?"
Walnüsse luftig und trocken lagern, aber nicht in der Nähe von anderen Lebensmitteln mit starkem Eigenduft. Das in den Nüssen enthaltene Nussöl nimmt schnell Fremdgerüche auf.

Staffn Alm:
Die Staffn Alm liegt an der Bergstation Hochplattenbahn, südlich vom Chiemsee. Von der Alm aus führt der Höhenrundwanderweg um den großen Staffn mit herrlichem Chiemseeblick.

Reiberdatschi

Mit Apfelmus

Für 4 Portionen:

1 kg Äpfel
4 EL Honig
Zimt und Nelke nach Belieben

1 Zwiebel
1 kg Kartoffeln, mehlig
Öl zum Braten
Salz

Für das Apfelmus: Äpfel waschen und achteln (schälen ist nicht notwendig) und in einen Topf geben. Gerade soviel Wasser zugeben, dass der Boden bedeckt ist. Aufkochen lassen, 2-3 Minuten garen. Dann das Obst durch einen Sieb streichen oder mit einer flotten Lotte zermusen. Apfelbrei mit Honig süßen und mit Zimt oder Nelke nach Belieben würzen.

Für die Kartoffelpuffer: Zwiebel schälen und reiben, ebenso die Kartoffeln. Mit Salz würzen und alles gut vermengen.
Öl in einer Pfanne erhitzen, die Masse löffelweise in die heiße Pfanne geben, etwas flach drücken und von beiden Seiten goldbraun braten. Den ersten Datschi probieren und ggf. nachsalzen.

„So gangads aa"
Reiberdatschi können mit süßen, wie hier beschrieben, oder salzigen Beilagen gegessen werden. In Bayern isst man sie auch gerne mit Sauerkraut (siehe Seite 158). Auch mit einem knackigen Salat sind Reiberdatschi zu empfehlen.

Grundrezepte

Tomatenketchup

Für 1 Glas:

1 kg Tomaten
3 Zwiebeln
100 ml Essig
4 EL Honig
1 TL Paprikapulver
1 TL Pfefferkörner
3 Nelken
1 MSP Zimt
Salz

Tomaten kreuzweise einschneiden, heiß überbrühen, mit kaltem Wasser abschrecken und die Haut abziehen. Anschließend kleinschneiden. Die Zwiebeln klein würfeln. Tomaten und Zwiebeln mit Essig, Honig, Paprikapulver, grob zerstoßenen Pfefferkörnern und Nelken, Zimt sowie Salz etwa 40-60 Minuten köcheln lassen. Etwas abkühlen lassen und mit einem Pürierstab oder im Mixer fein pürieren. Nach Belieben die Masse durch ein feines Sieb passieren und nochmals aufkochen lassen.
Das heiße Ketchup in heiß ausgespülte Gläser füllen und sofort verschließen. Vier Wochen ziehen lassen.

Das Ketchup hält kühl und dunkel gelagert ca. 3 Monate.

Tomatenmark

Für 4 Portionen:

4 große Tomaten
1 EL Öl oder Butter
1 Knoblauchzehe
1 EL Basilikum
1 TL Honig

Tomaten kreuzweise einschneiden, heiß überbrühen, mit kaltem Wasser abschrecken und die Haut abziehen. Anschließend würfeln und in Öl oder Butter erhitzen. Durchgepresste Knoblauchzehe und kleingeschnittene Basilikumblätter dazugeben, einköcheln lassen und mit Honig süßen. Soweit einkochen lassen, bis die gewünschte Konsistenz erreicht ist. Anschließend durch ein feinporiges Sieb passieren.

Im Kühlschrank mehrere Wochen haltbar.

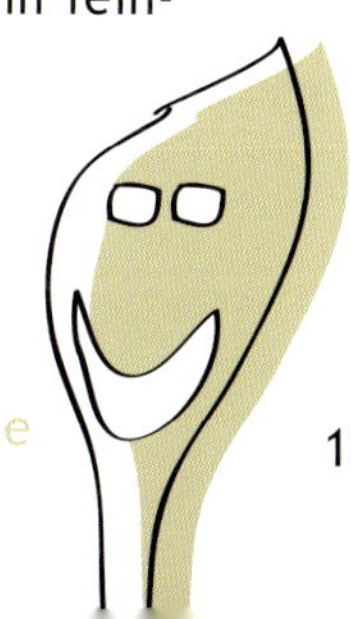

Sauerkraut

Pro kg Sauerkraut:

Ca. 1 kg Weißkraut
15 g Salz
Kümmel und Wacholderbeeren nach Belieben

Die äußeren Blätter vom Weißkraut entfernen, beiseite legen, den Rest vierteln und fein hobeln. Kleinere Mengen Kraut in eine Schüssel geben, Salz dazufügen und solange mit den Händen kneten, bis reichlich Saft austritt. Kraut mit Gewürzen zu ¾ in ein Einmachglas füllen, verschließen und 3 Wochen im Dunkeln durchziehen lassen. Bei größeren Mengen das geraspelte Kraut in Schichten von ca. 5 cm in einen Tontopf geben. Jede Schicht mit Salz und nach Belieben mit Gewürzen bestreuen, anschließend mit einem Holzstampfer das Kraut fest stampfen, bis der Saft austritt. Abschließend mit einer Lage aus ganzen Krautblättern bedecken und mit einem Stein oder Brett (von einem sauberen Leinentuch umwickelt) beschweren. Der Krauttopf sollte nach der Entnahme des fertigen Sauerkrauts immer luftdicht verschlossen werden. Frisches Sauerkraut innerhalb von zwei Monaten verbrauchen.

Eingemachte Gurken

Für 4 große Gläser:

1 Liter Essig
4 EL Honig
2 TL Senfkörner
Je 5 Wacholderbeeren und Lorbeerbl.
1½ kg Gurken
1 Bund Dill
Salz, Pfeffer

100 g Salz in 1½ l Wasser auflösen. Essig, Honig, Senfkörner, Lorbeerblätter und Wacholderbeeren zugeben und aufkochen. Etwa 30 Minuten kochen lassen.
In der Zwischenzeit Gurken in Stücke schneiden und zusammen mit dem Dill in Gläser schichten. Landgurken evtl. vorher schälen. Den Sud nochmal aufkochen und die Gläser randvoll mit der kochenden Flüssigkeit füllen. Sofort verschließen und etwa 2-3 Wochen ziehen lassen.

Die Gurken halten kühl und dunkel gelagert ca. ein Jahr.

Suppenwürzl

Bild siehe Seite 156

1 Glas mit 400 ml:

1 Bund Petersilie
Etwas Selleriekraut
1/8 Sellerieknolle
1 kleine Petersilienwurzel
1 kleine Karotte
1 kleines Stück Lauch
Gewürze
Salz

Die Petersilie und das Selleriekraut waschen und sehr gut abtrocknen. Die Kräuter hacken. Sellerieknolle, Petersilienwurzel, Karotte und Lauch klein würfeln. Gewürze nach Belieben zufügen. Die Gemüse-Kräuter-Mischung entweder durch den Fleischwolf drehen oder im Mixer fein pürieren.
Salzmenge berechnen: auf drei Teile Gemüse kommt ein Teil Salz. Z.B. zu 600 g zerkleinerter Gemüsepaste 200 g Salz zufügen. Das Suppenwürzl kann statt fertiger, gekaufter Brühe verwendet werden.
Im Kühlschrank mehrere Monate haltbar.

Gewürze: Z.B. Pfeffer, Rosmarin, Estragon, frischer Liebstöckel, Curcuma.

Gemüsebrühe

Für ca. 2-3 l:

1 Sellerieknolle
3 Karotten
1 Petersilienwurzel
1 Pastinake
1 Stange Lauch
1 Zwiebel m. Schale
1 Bund Petersilie
Frischer Liebstöckel
5 Pfefferkörner, Salz
1-2 Lorbeerblätter

Gemüse zerteilen und mit grob zerhackter Petersilie und Liebstöckel, Pfefferkörnern und Lorbeerblättern in einen großen Topf (10 l Fassungsvermögen) geben. Den Topf mit kaltem Wasser auffüllen, so dass das Gemüse ca. zwei Finger breit mit Wasser bedeckt ist. Langsam erhitzen und für ca. 2 Stunden auf kleiner Flamme köcheln lassen. Zum Schluss salzen.

Dann das Gemüse abseihen und die heiße Brühe in saubere Gläser füllen. Im Kühlschrank für ca. 2-3 Wochen haltbar.

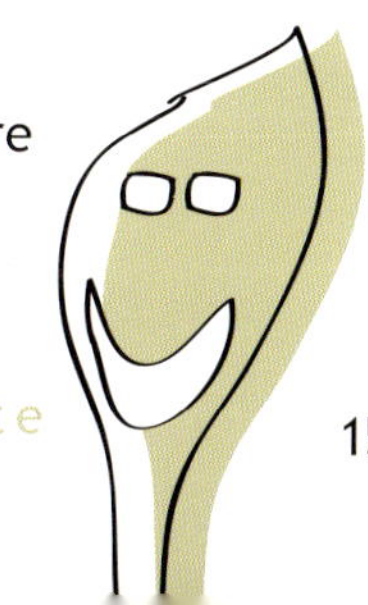

Kraftbrühe

Für ca. 2-3 l:

½ - 1 kg Suppenfleisch
2 Karotten
2 Petersilienwurzeln
½ Sellerieknolle
1 Zwiebel mit Schale
Frischer Liebstöckel
Salz

Fleisch waschen und ungeschnitten in einen großen Topf (10 l Fassungsvermögen) geben. Gemüse zerteilen und mit grob zerhacktem Liebstöckel zum Fleisch geben. Den Topf mit gut 3 l kaltem Wasser auffüllen. Langsam erhitzen (Schaum abschöpfen) und ca. 2 Stunden auf kleiner Flamme köcheln lassen. Zum Schluss salzen.
Dann Suppenfleisch und Gemüse abseihen und die heiße Brühe in saubere Gläser füllen. Im Kühlschrank ca. 2-3 Wochen haltbar. Das Fleisch kann anderweitig verwendet werden.

Als Suppenfleisch eignet sich: Brustfleisch, Bauchlappen, Ochsenschwanz, Zwerchrippe, Hals, Wade bzw. Haxe oder Beinscheiben, Suppenknochen von Rind oder Lamm.

Hühnerbrühe

Für ca. 2 l:

1 Suppenhuhn
150 g Karotten
100 g Sellerieknolle
1 Zwiebel
1 Knoblauchzehe
Etwas Liebstöckel
2 Lorbeerblätter
Salz, Pfeffer

Suppenhuhn innen und außen gut waschen, Fettdrüse am Schwanz herausschneiden. Suppenhuhn in einen Topf legen und mit 2 l kaltem Wasser auffüllen. Langsam erhitzen und das Fleisch 1 Stunde auf kleiner Flamme ziehen lassen.
In der Zwischenzeit das Gemüse schälen und grob zerteilen. Nach einer Stunde Garzeit das Gemüse, Liebstöckel und die Lorbeerblätter in den Topf geben und weitere 30 Minuten auf kleiner Flamme köcheln lassen.
Das Fleisch vom Suppenhuhn auslösen, klein schneiden und als Suppeneinlage oder anderweitig (z.B. als Hühnerfrikassee, siehe Seite 65) verwenden. Suppenbrühe mit Salz und Pfeffer abschmecken.

Kartoffelbrei

Für 4 Portionen:

1½ kg Kartoffeln, mehlig
¼ l Milch
30 g Butter
Muskat
Salz

Die Kartoffeln waschen, schälen und in große Stücke schneiden. In Salzwasser ca. 20–25 Minuten kochen. Das Wasser abgießen. Den Topf mit den Kartoffeln wieder auf die warme Platte stellen und das restliche Wasser kurz verdampfen lassen.

Anschließend die Kartoffeln mit einem Kartoffelstampfer zerkleinern. Danach Milch und Butter zugeben und kräftig rühren, bis der Kartoffelbrei luftig und locker ist. Mit Muskat und Salz abschmecken.

Nudelteig

Für 4 Portionen:

600 g Mehl
4 Eier
1 TL Salz
Ca. 100 ml Wasser

Aus Mehl, Eiern, Salz und Wasser einen festen Teig verkneten. Der Teig sollte elastisch, aber nicht klebrig sein, ggf. noch Mehl oder Wasser dazufügen. Den Teig zugedeckt ruhen lassen.

Dann nach Rezept zu Nudeln oder Ravioli (z.B. siehe Seite 75) weiterverarbeiten.

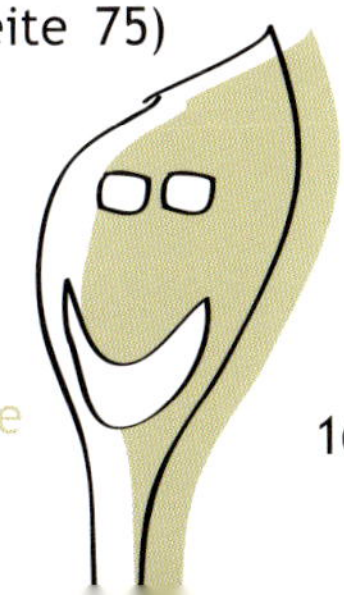

Kartoffelknödel

Für 8 Knödel:

1½ kg Kartoffeln, mehlige
100 g Semmelbrösel
1 Ei
125 ml heiße Milch
2 Weißbrotscheiben
20 g Butter
Salz, Pfeffer

1 kg ungeschälte Kartoffeln mit Wasser bedeckt 30 Minuten kochen lassen. Abgießen, abschrecken und abziehen, dann heiß durchpressen. Restliche Kartoffeln schälen, in eine Schüssel mit kaltem Wasser reiben, dann in ein sauberes Geschirrtuch geben und über einer Schüssel auspressen. Das ausgepresste Wasser mindestens 10 Minuten stehen lassen, damit sich die Stärke absetzen kann. Überschüssiges Wasser vorsichtig abgießen und die Stärke zu den rohen, geriebenen Kartoffeln geben. Kartoffel-Masse mit Semmelbrösel, Ei, heißer Milch, Salz und Pfeffer vermengen und zu einem Knödelteig verkneten. Weißbrot in kleine Würfel schneiden und in Butter anrösten. Mit nassen Händen handtellergroße Fladen formen. Mittig je einen gerösteten Brotwürfel setzen und zu Knödeln formen. In siedendem Salzwasser gar ziehen lassen, bis die Knödel an die Oberfläche kommen.

Semmelknödel

Für 8 Knödel:

6 altb. Semmeln
250 ml heiße Milch
½ Zwiebel
½ Bund Petersilie
1 EL Butter
2-3 Eier
Muskat, Salz, Pfeffer

Die altbackenen Semmeln zerkleinern, mit heißer Milch übergießen und für 30 Minuten einweichen lassen. In der Zwischenzeit die Zwiebel und die Petersilie fein hacken, in der Butter andünsten und abkühlen lassen. Eier und Muskat unter die Semmelmasse kneten, dann die Zwiebelmasse untermengen. Etwa 10 Minuten ziehen lassen, nochmals durchkneten und mit Salz und Pfeffer abschmecken. Falls der Teig zu feucht ist, etwas Mehl zufügen. Acht Knödel formen und in siedendem Salzwasser etwa 20 Minuten ziehen lassen. Dabei öfters wenden. Das Wasser sollte nicht kochen!
Tipp: Statt Semmeln, altbackende Brezen verwenden (S. 59).

Spätzle

Für 4 Portionen als Beilage:

400 g Mehl
4 Eier
1 TL Salz
250 ml Wasser

Mehl, Eier und Salz in einer Schüssel verrühren. Lauwarmes Wasser dazufügen und gut verrühren. Spätzleteig ca. 15 Minuten quellen lassen.
Wasser in einem großen Topf zum Kochen bringen, dann salzen. Eine Schüssel für die fertigen Spätzle bereitstellen. Mit einem Spätzlehobel portionsweise Spätzle in das kochende Wasser reiben. Einmal aufkochen lassen, dann Spätzle sofort mit dem Schaumlöffel abseihen und in eine feuerfeste Schüssel geben. Die Spätzle im Backofen bei 60-80°C warmhalten. Dann gleich servieren. Soll eine größere Menge Spätzle zubereitet werden, empfiehlt sich, die Spätzle auf einem Backblech verteilt auskühlen zu lassen, so bleiben sie schön locker. Vor der Weiterverarbeitung in heißer Butter schwenken.

Pfannkuchenteig

Für 4 Portionen:

300 g Mehl
½ l Milch
4 Eier
Salz

Das Mehl mit der Milch, den Eiern und Salz zu einem glatten Teig verrühren.

Den Teig etwa 20 Minuten quellen lassen, erst dann weiter verarbeiten.

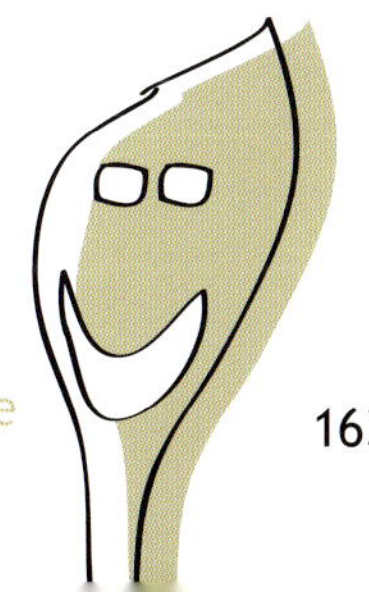

Erzeugerübersicht

Engelsberg
13
Tacherting
Babens-
ham
Schnaitsee
8
Tittmoning
Salzach
25
22
Trostberg
Kienberg
Eiselfing
Amerang
Obing
5
6
Inn
Altenmark
Palling
19
Fridolfing
Gries-
stätt
Schon-
stett
Pittenhart
Taching
am See
Seeon-
Seebruck
Traunreut
Kirchan-
schöring
Halfing
Höslwang
Waging am
See
Waginger See
14
10
Eggs-
tätt
Chieming
18
4
Vogta-
reuth
Söchtenau
1
Nußdorf
Petting
Bad Endorf
Gstadt
17
Wonneberg
Breit-
brunn
Chiemsee
Prutting
Simssee
3
Surberg
12
Rimsting
Traunstein
Stephanskirchen
16
2
11
15
Graben-
stätt
Vachendorf
Prien
7
Riedering
Übersee
21
Siegsdorf
Bernau
23
9
Rohrdorf
24
Bergen
20
Frasdorf
Grassau
Staudach-
Egern-
dach
Neubeuren
Inzell
Samerberg
Marquart-
stein
Aschau
Ruhpolding
Nußdorf
Schleching
Unterwössen
Reit im Winkel

Erzeuger-Adressen

Name, Adresse	Produkte	Verkauf
Bio-Imkerei Barthuber 1 Erich **Barthuber** Hartmannsberg 3 83093 Bad Endorf Tel: 08053/796297 Fax: 08053/794444 Email: info@imkerei-barthuber.de Internet: www.imkerei-barthuber.de Verband: Bioland **Hofgeschichte Seite 54**	Akazien-, Frühjahrsblüten-, Kirschblüten-, Kornblumen-, Lindenblüten-, Löwenzahn-, Raps-, Wildblüten- und Waldhonig, Blütenpollen	Verkauf nach telefonischer Vereinbarung, Lieferservice (siehe Internet) Erhältlich in vielen Naturkostläden in Südost-Bayern
Demeter-Hof Bauer 2 Maria & Michael **Bauer** Gögging 12 83083 Riedering Tel: 08036/3930 Email: debauers@gmx.de Verband: Demeter	Milch, Käse (Kuh) Fleisch (Rind, Ziege, küchenfertig zerlegt)	Verkauf ab Hof nach telefonischer Vereinbarung
Chiemgau-Kiste gGmbH & Gärtnerei der Chiemgau-Werkstätten in Großornach 3 Mühlgasse 18 83278 Traunstein Tel: 0861/2093240 Fax: 0861/2093183 Email: info@chiemgau-kiste.de Internet: www.chiemgau-kiste.de	Artischocken, Aubergine, Bayerische Rübe, Blaukraut, Blumenkohl, grüne Bohnen, Brokkoli, Fenchel, Grünkohl, Gurke, Karotten, Kartoffeln, Knollensellerie, Kohlrabi, Kräuter (u.a. Basilikum, Kresse, Petersilie, Schnittlauch), Kürbis, Lauch, Lauchzwiebel, Mangold, Paprika, Pastinaken, Petersilienwurzel, Radieserl, Rettich, Rote Bete, Salate (Batavia, Chicoree, Chinakohl, Eichblatt, Eisberg, Endivien, Feldsalat, Kopfsalat, Lollo Rosso, Postelein, Radiccio, Rucola, Zuckerhut), Spinat, Spitzkohl, Staudensellerie, Steckrüben, Topinambur, Tomaten, Weißkraut, Winterrettich, Wirsing, Zucchini, Zuckermais, Zwiebeln Johannisbeeren, Rhabarber Zusätzlich: Naturkost-Sortiment, Jungpflanzen	Bio-Lieferservice (Liefergebiet: Chiemgau, Rupertigau, Berchtesgadener Land, Rosenheimer Land sowie angrenzende Gebiete, auch Österreich)

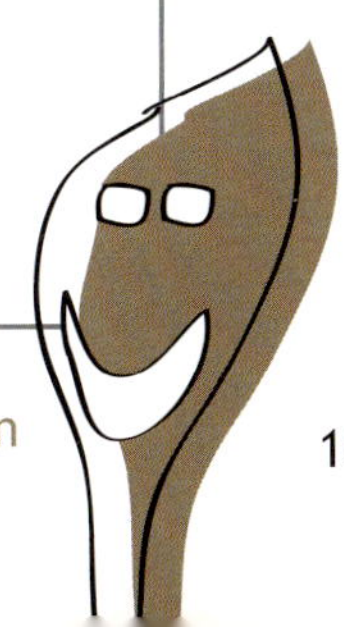

Name, Adresse	Produkte	Verkauf
Bioland Gärtnerei Dandl & Sengl 4 Gisela **Sengl** & Hans **Dandl** Chiemingerstr. 8 83365 Sondermoning Tel: 08669/819732 Fax: 08669/9099141 Verband: Bioland **Hofgeschichte Seite 110**	Auberginen, Blaukraut, Blumenkohl, grüne Bohnen, Brokkoli, Fenchel, Grünkohl, Gurken, Karotten, Kartoffeln, Knoblauch, Knollensellerie, Kohlrabi, Kürbis, Lauch, Lauchzwiebeln, Mangold, Paprika, Pastinaken, Rote Bete, Salate (Batavia, Eichblatt, Endivien, Feldsalat, Kopfsalat, Portulak, Radiccio, Rucola), Spitzkraut, Steckrüben, Tomaten, Weißkraut, Wirsing, Zucchini, Zuckermais, Zwiebeln Äpfeln, Birnen, Mährische Eberesche Getreide, Mehl und Grieß aus Weizen Bioladen mit komplettem Naturkost-Sortiment Sonstiges: Schnittblumen zur Selbsternte, Hofführungen für Gruppen auf Anfrage	Bioladen: Montag-Freitag 9.00-18.00 Uhr durchgehend geöffnet, Samstag 8.30-12.30 Uhr
Bio-Beeren vom Franz 5 Gabi & Franz **Eitzinger** Weg ins Bergfeld 1 83119 Obing-Frabertsham Tel: 08624/2487 Fax: 08624/2913 Email: info@erdbeeren-vom-franz.de Internet: www.erdbeeren-vom-franz.de Verband: Demeter **Hofgeschichte Seite 130**	Äpfel, Erdbeeren, Heidelbeeren, Himbeeren, Tafeltrauben Alle Beeren auch zur Selbsternte Dinkel (als Getreide), Fruchtaufstriche, Apfelsaft, Hanfsamen, Hanföl, Knoblauch, Honig Sonstiges: Demonstrationsbetrieb Ökologischer Landbau, Hofführungen für Gruppen auf Anfrage	Öffnungszeiten Selbsternte zur Erdbeerzeit: täglich 8.00-19.00 Uhr, auch an Sonn- und Feiertagen Öffnungszeiten Selbsternte zur Heidelbeer- und Himbeerzeit: in Frabertsham Montag-Mittwoch, Freitag+Samstag 14.00-17.00 Uhr Bauernmarkt Traunstein, Freitag 11.00-16.30 Uhr (Juni bis Oktober) Regionaler Biomarkt Gutshof Baumburg, 1. Samstag im Monat 9.00-13.00 Uhr (Mai bis Oktober) Obinger Bauernmarkt, Freitag 13.30-16.00 Uhr (14tägig, Juni bis Oktober) Seeoner Dorfmarkt, 1. Freitag im Monat 11.00-15.00 Uhr (Juni bis Oktober)

Name, Adresse	Produkte	Verkauf
Gärtnerhof Horizont der Arbeiterwohlfahrt 6 Jürgen **Schmidbaur** Heubergweg 1 83308 Trostberg-Eglsee Tel: 08621/2069 Fax: 08621/648260 Email: horizont.trostberg@awo-obb.de Verband: Naturland	Aubergine, Blaukraut, grüne Bohnen, Brokkoli, Fenchel, Grünkohl, Gurke, Karotten, Kartoffeln (u.a. Bamberger Hörnchen, Blaue Schweden, La Ratte, Asparges), Knollensellerie, Kohlrabi, Kräuter (u.a. Basilikum, Kerbel, Korianderkraut, Kresse, Petersilie, Rosmarin, Schnittlauch, Thymian), Kürbis, Lauch, Lauchzwiebel, Mangold, Paprika, Pastinaken, Radieserl, Romanesco, Rosenkohl, Rote Bete, Salate (Asia Green, Batavia, Eichblatt, Eisberg, Endivien, Feldsalat, Kopfsalat, Lollo Rosso, Postelein, Radiccio, Rucola, Zuckerhut), Spinat, Spitzkohl, Topinambur, Tomaten, Weißkraut, Winterrettich, Wirsing, Zucchini, Zuckermais, Zuckerschoten, Zwiebeln Rhabarber Hofladen mit Naturkostsortiment Sonstiges: Jungpflanzen, Beet- und Balkonpflanzen	Hofladen: Freitag 9.00-17.00 Uhr Bauernmarkt Traunstein (Stadtplatz): Freitag 11.00-16.30 Uhr Bauernmarkt Traunreut (Marktstraße): Donnerstag 8.30-14.00 Uhr
Anderlhof 7 Christine & Kaspar **Gasteiger** Tinning 5 83083 Riedering Tel: 08036/575 Fax: 08036/3814 Email: info@anderlhof-tinning.de Internet: www.anderlhof-tinning.de Verband: Demeter **Hofgeschichte Seite 88**	Fleisch und Wurstprodukte vom Rind und Ochsen aus eigener Erzeugung Hausgemachte Schmankerl, Fruchtaufstriche und Kuchen im Glas Von Kollegen aus der Region: Fleisch und/oder Wurstprodukte vom Schwein, Lamm, Pute, Hähnchen sowie Räucherspezialitäten, Käse aus Kuh-, Schaf- und Ziegenmilch, Eier und Nudeln, Liköre und Schnäpse	Hofladen: Dienstag 8.00-12.00 Uhr, Freitag 8.00-18.00 Uhr Oder nach Vereinbarung

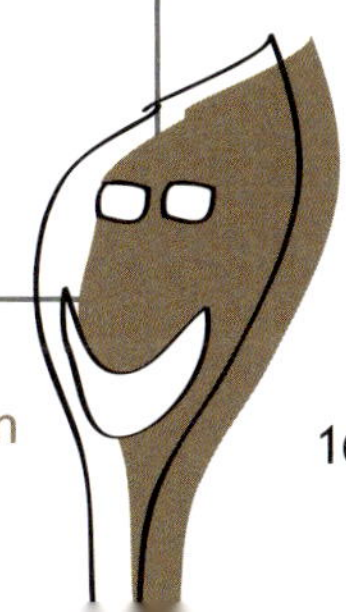

Name, Adresse	Produkte	Verkauf
Biohof Hans Glück 8 Hans **Glück** Grassach 15 84529 Tittmoning Tel: 08683/932 Fax: 08683/891573 Email: post@bio-glueck.de Internet: www.bio-glueck.de Verband: Biokreis	Rindfleisch, Hendl (saisonal), Schweinefleisch Kartoffeln Karotten, Lauch, Salate, Weißkraut, Zwiebeln Getreide (Dinkel, Roggen, Weizen) Verschiedene Apfelsorten, Kirschen, Zwetschgen sowie Apfelsaft Hofladen mit Naturkostsortiment	Hofladen: Mittwoch 16.00-18.30 Uhr, Freitag 9.00-12.30 Uhr + 15.00-18.30 Uhr, Samstag 9.00-12.30 Uhr
Irmgärtchen 9 Irmgard **Hutterer** Laiming 9 83112 Frasdorf Tel: 08052/909428 Fax: 08052/954743 Email: info@irmgaertchen.de Internet: www.irmgaertchen.de Verband: Naturland **Hofgeschichte Seite 142**	Auberginen, Blaukraut, grüne Bohnen, Fenchel, Gurken, Kartoffeln, Kürbis, Lauch, Lauchzwiebeln, Mangold, Paprika, Romanesco, Rosenkohl, Salate (Batavia, Eichblatt, Endivien, Feldsalat, Lollo Rosso, Portulak, Radiccio, Romana, Rucola), Spinat, Spitzkohl, Tomaten, Weißkraut, Wirsing, Zucchini Birnen, Rhabarber, Zwetschgen Hofladen mit Naturkostsortiment Sonstiges: Jungpflanzen	Hofladen: Dienstag+Freitag 9.00-12.30 Uhr + 15.00-18.00 Uhr, Samstag 9.00-12.30 Uhr Wochenmarkt Prien: Freitag 8.00-13.00 Uhr
Fischerei Jäkle 10 Ronja **Jäkle** Haselbachweg 12 83125 Eggstädt Tel: 08056/340 Fax: 08056/1351 Verband: EU-Bio	Forellen, Saiblinge, frisch und geräuchert	Laden: Montag, Mittwoch, Freitag 9.00-16.00 Uhr, Dienstag, Donnerstag 9.00-12.00 Uhr, Samstag 9.00-13.00 Uhr Oder nach Vereinbarung

Name, Adresse	Produkte	Verkauf
Lebensfeld Jaksch 11 Hubert **Jaksch** Dorfstr. 5 83083 Riedering-Wurmsdorf Tel: 08036/6749889 Fax: 08036/6749891 Email: hubert@hubertjaksch.de Internet: www.hubertjaksch.de **Hofgeschichte Seite 94**	Gemüsefelder zur Selbstversorgung, Seminare zu Anbau, Pflege und Ernte von Gemüsefeldern für Verbraucher, Lebensmittellagerung, Konservierung, Milchverarbeitung, Kochkurse Hybridfreie Getreidesorten: Ur-Dinkel, Einkorn, Emmer, alte Roggen- und Weizensorten Getrocknete Bohnen, Polenta Mit Hofladen und Hofcafé	Aktuelle Termine: siehe Interntseite Verkauf im Hofcafè Leeb & Hermines Hofladen: Donnerstag-Samstag 11.00-19.00 Uhr, Sonntag 11.00-17.00 Uhr
Wendlerhof 12 Familie **Kirmeier** Edlingerstr. 61 83071 Stephanskirchen-Baierbach Tel: 08036/4720 Fax: 08036/9081082 Email: info@milchdirekt.de, info@wendlerhof.com Internet: www.milchdirekt.de, www.wendlerhof.com Verbände: Bioland, Simsseemarktes Stephanskirchen e.V. **Hofgeschichte Seite 148**	Milch und Weichkäse (Camembert, Hirtenkäse Natur, Hirtenkäse Kräuter, Hirtenkäse Knoblauch) in Direktlieferung Rindfleisch (Mischpakete zu 5 kg) Sonstiges: Bildungshaus für Gruppen und Familien (Tel: 08036/3416)	Milch und Käse: Lieferservice Milch direkt vom Bauern vors Haus (Familien Kirmeier & Forstner) nach telefonischer oder schriftlicher (Email) Bestellung beim Wendlerhof Fleisch: Nach telefonischer oder schriftlicher (Email) Bestellung
Bio-Hof Klauser 13 Rita & Josef **Klauser** Lohen 3 83342 Tacherting Tel: 08634/1677 Fax: 08634/5483 Email: biohof.klauser@t-online.de Internet: www.biohof-klauser.de Verband: Bioland **Hofgeschichte Seite 64**	Eier, Suppenhühner Brot und Backwaren, Eierlikör Kartoffeln Hofladen mit Naturkostsortiment Sonstiges: Hofführungen für Schulklassen auf Anfrage	Hofladen: Montag+Freitag 14.00-20.00 Uhr, Samstag 9.00-13.00 Uhr

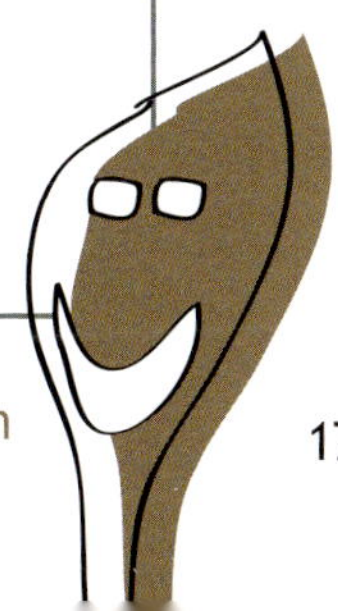

Name, Adresse	Produkte	Verkauf
Bio-Schäferei Koch 14 Renate & Josef **Koch** Siegsdorf 2 a 83129 Höslwang Tel: 08053/2537 Fax: 08053/9891 Email: schreinerei-josef-koch@t-online.de Verband: EU-Bio **Hofgeschichte Seite 70**	Schafmilchprodukte: Mozzarella, Frischkäse, Joghurt, Rohmilch Lammfleisch (Teilstücke küchenfertig zerlegt) Sonstiges: Lammfelle	Hofladen: Montag-Samstag 8.00-18.00 Uhr Bauernmarkt in Bad Endorf (Rückgebäude Raiffeisenbank): Freitag 11.00-16.00 Uhr
Naturland-Schäferei Kollmannsberger & Priener Regional-und Biomarkt 15 Julia & Martin **Kollmannsberger** Bernauerstr. 85 83209 Prien am Chiemsee Tel: 08051/966326 Fax: 08051/966325 Email: info@priener-regional-markt.de Internet: www.priener-regional-markt.com Verband: Naturland	Lammfleisch (küchenfertig zerlegt) und Lammwurst Priener Regional- und Biomarkt mit Naturkostsortiment Sonstiges: Lammfelle	Priener Regional- und Biomarkt: Montag-Freitag 9.00-18.00 Uhr, Samstag 9.00-13.00 Uhr Mittagstisch: Montag-Freitag 11.30-14.30 Uhr
Bio-Hof Leitner 16 Brigitte & Alfons **Leitner** Hofaustr. 16 83071 Stephanskirchen-Hofau Tel: 08031/72398 Fax: - Email: - Internet: - Verband: EU-Bio	Apfelsaft und Lageräpfel von alten Apfelsorten	Verkauf ab Hof nach telefonischer Vereinbarung
Zwergenimkerei Luise Mitterreiter 17 Luise **Mitterreiter** Fehling 10 83339 Chieming Tel: 08664/929907 Verband: Biokreis	Blütenhonig, Waldhonig Bienenwachs, Bienenwachskerzen (im Winter)	Verkauf nach telefonischer Vereinbarung Erhältlich in ausgewählten Naturkostläden im Chiemgau

Name, Adresse	Produkte	Verkauf
Bioland-Hof Neidhardt 18 Ulrike **Neidhardt** Harter Str. 3 83365 Sondermoning Tel: 08669/7897437 Fax: 08669/7897437 Email: ouzo-uli@gmx.de Internet: - Verband: Bioland	Getreide und Mehl (Weizen, Roggen, Dinkel, Emmer), Kartoffeln Lammfleisch Erdbeeren, Johannisbeeren, Stachelbeeren, Himbeeren Alle Beeren zum Selbstpflücken Sonstiges: Lammfelle	Verkauf ab Hof nach telefonischer Vereinbarung Erdbeeren zum Selbstpflücken: Juni+Juli, täglich 8.00-20.00 Uhr Weitere Beeren zum Selberpflücken: Juli, täglich 8.00-20.00 Uhr
Schröckenbauerhof 19 Franz **Obermeyer** Obere Dorfstr. 14 83373 Tengling Tel: 08687/228 Fax: 08687/985894 Email: franz.obermeyer@web.de Verband: Demeter **Hofgeschichte Seite 36**	Getreide und Mehlsorten aus Braunhirse, Dinkel, Einkorn, Emmer, Nacktgerste, Nackthafer, Roggen und Weizen Leinsaat, Linsen Verschiedene Kartoffelsorten	Verkauf ab Hof nach telefonischer oder schriftlicher (Email, Fax) Bestellung Erhältlich in vielen Naturkostläden und Biosupermärkten im Chiemgau
Maschtl Hof 20 Franz **Pletschacher** Mietenkamerstr. 115 83224 Grassau-Weiher Tel: 08641/2810 Fax: 08641/957425 Email: f.pletschacher@web.de Internet: - Verband: Naturland	Butter Milch und Weichkäse (Kuh)	Verkauf ab Hof nach telefonischer Vereinbarung

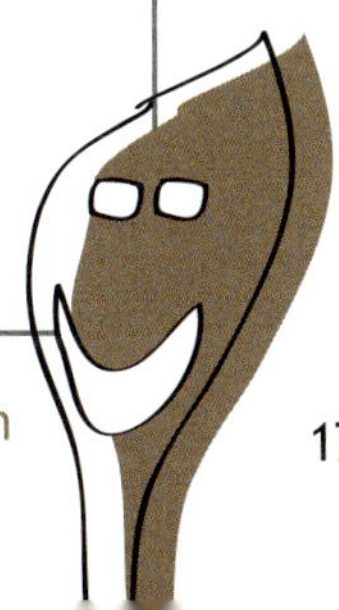

Name, Adresse	Produkte	Verkauf
Naturland-Gärtnerei Pummerer & Tinninger Biokiste 21 Sabine & Thomas **Pummerer** Tinning 2 83083 Riedering Tel: 08036/8069 Fax: 08036/3039122 Email: info@tinninger-biokiste.de Internet: www.tinninger-biokiste.de Verband: Naturland	Aubergine, Blaukraut, Blumenkohl, grüne Bohnen, Brokkoli, Fenchel, Grünkohl, Gurke, Karotten, Kartoffeln, Knollensellerie, Kohlrabi, Kräuter (u.a. Basilikum, Kerbel, Kresse, Petersilie, Rosmarin, Schnittlauch, Thymian), Kürbis, Lauch, Lauchzwiebel, Mangold, Meerrettich, Paprika, Rettich, Rosenkohl, Salate (Batavia, Eichblatt, Eisberg, Endivien, Feldsalat, Kopfsalat, Postelein, Radiccio, Rucola, Zuckerhut), Spinat, Staudensellerie, Tomaten, Weißkraut, Wirsing, Zucchini, Zuckermais, Zuckerschoten, Zwiebeln Apfel, Birne, Brombeeren, Erdbeeren, Heidelbeeren, Himbeeren, Johannisbeeren, Jostabeeren, Kirschen, Quitten, Rhabarber, Zwetschgen Hofladen mit Naturkostsortiment Sonstiges: Jungpflanzen	Hofladen: Dienstag 8.30-12.00 Uhr, Freitag 8.30-17.00 Uhr Ökokisten-Lieferservice (Liefergebiet: Riedering, Stephanskirchen, Rosenheim, Inntal (bis Brannenburg))
Chiemgaukorn 22 Julia **Reimann** & Stefan **Schmutz** Weiding 3 83308 Trostberg Tel: 08621/806133 Fax: 08621/509798 Email: info@chiemgaukorn.de Internet: www.chiemgaukorn.de Verband: Naturland Hofgeschichte Seite 24	Getreide, Mehl, teilweise Grieß aus Weizen, Urdinkel, (Lichtkorn-)Roggen, Hafer, Einkorn und Emmer Braunhirse, Buchweizen, Dinkelreis, Einkornreis, Emmerreis, Leindotter, Leinsamen, Linsen Brot, Leindotteröl	Hofladen: Donnerstag 15.00-17.30 Uhr Onlineshop Erhältlich in vielen Naturkostläden, Reformhäusern und Biosupermärkten im Chiemgau

Name, Adresse	Produkte	Verkauf
Götschl-Hof 23 Angelika & Gerhard **Schmid** Pattenberg 8a 83346 Bergen Tel: 08662/419251 Fax: 08662/661372 Email: angelika.schmid2@gmx.de Verband: EU-Bio **Hofgeschichte Seite 78**	Damwildfleisch (Teilstücke küchenfertig zerlegt, halbe oder ganze Tiere küchenfertig zerlegt)	Verkauf nach telefonischer oder schriftlicher (Email, Fax) Vorbestellung
Gemüsebau und Naturkost Achental 24 Martin **Sichler** Niederfeldstr. 68 83224 Grassau Tel: 08641/692586 Fax: 08641/692586 Email: - Internet: - Verband: Demeter	Auberginen, Blumenkohl, Erbsen, Gurken, Karotten, Kartoffeln, Knollensellerie, Kohlrabi, Kürbisse, Lauch, Mangold, Paprika, Rettich, Rote Bete, Salate, Spinat, Tomaten, Wirsing, Zwiebel Hofladen mit Naturkostsortiment Sonstiges: Anbau in Permakultur, samenfeste Sorten, Raritäten	Hofladen: Montag-Freitag 8.30-12.30 Uhr + 14.00-18.30 Uhr, Samstag 8.30-14.00 Uhr Ökokisten-Lieferservice
Unterforsthuber 25 Familie **Unterforsthuber** Deisenham 32 83308 Trostberg Tel: 08621/7448 Fax: 08621/8210 Email: info@unterforsthuber.com Internet: www.unterforsthuber.com Verband: Biokreis	Geflügel (Hähnchen und Puten), Putenwurst Hausgemachte Brotaufstriche, Säfte	Hofladen: Freitag 8.00-12.00 Uhr + 14.00-18.00 Uhr, Samstag 9.00-12.00 Uhr Bauernmarkt Traunreut: Donnerstag 8.30-14.00 Uhr Bauernmarkt Traunstein: Freitag 11.00-16.30 Uhr Bauernmarkt Bad Endorf: Freitag 11.00-16.00 Uhr Obinger Bauernmarkt: Freitag 13.30-16.00 Uhr (14tägig)

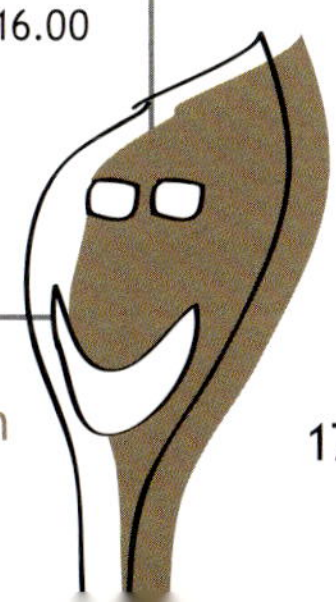

Produktliste

Blumen, Beet- & Balkonpflanzen
Bioland Gärtnerei Dandl & Sengl
Gärtnerhof Horizont

Brot
Bio-Hof Klauser
Chiemgaukorn, Reimann & Schmutz

Butter
Maschtl Hof, Pletschacher

Damwild
Götschl-Hof, Schmid

Eier
Bio-Hof Klauser

Fisch
Fischerei Jäkle

Fruchtaufstriche
Bio-Beeren vom Franz, Eitzinger
Anderlhof, Gasteiger

Geflügel - Hähnchen
Biohof Hans Glück
Unterforsthuber

Geflügel - Puten
Unterforsthuber

Geflügel - Suppenhühner
Bio-Hof Klauser

Gemüse, Kräuter & Kartoffeln
Chiemgau-Kiste
Bioland Gärtnerei Dandl & Sengl
Gärtnerhof Horizont
Biohof Hans Glück
Irmgärtchen, Hutterer
Bio-Hof Klauser
Bioland-Hof Neidhardt
Schröckenbauerhof, Obermeyer
Naturland-Gärtnerei Pummerer
Gemüsebau Achental, Sichler

Getreide & Mehl
Bioland Gärtnerei Dandl & Sengl
Bio-Beeren vom Franz, Eitzinger
Biohof Hans Glück
Lebensfeld Jaksch
Bioland-Hof Neidhardt
Schröckenbauerhof, Obermeyer
Chiemgaukorn, Reimann & Schmutz

Honig
Bio-Imkerei Barthuber
Bio-Beeren vom Franz, Eitzinger
Zwergenimkerei Luise Mitterreiter

Lamm- & Schaffleisch
Bio-Schäferei Koch
Naturland-Schäferei Kollmannsberger
Bioland-Hof Neidhardt

Milch & Käse - Kuh
Demeter-Hof Bauer
Wendlerhof/Milch Direkt, Kirmeier
Maschtl Hof, Pletschacher

Milch & Käse - Schaf
Bio-Schäferei Koch

Milch & Käse - Ziege
Demeter-Hof Bauer

Obst & Nüsse
Chiemgau-Kiste
Bioland Gärtnerei Dandl & Sengl
Bio-Beeren vom Franz, Eitzinger
Gärtnerhof Horizont
Biohof Hans Glück
Irmgärtchen, Hutterer
Bio-Hof Leitner
Bioland-Hof Neidhardt
Naturland-Gärtnerei Pummerer

Ochsenfleisch
Anderlhof, Gasteiger

Öle
Bio-Beeren vom Franz, Eitzinger
Chiemgaukorn, Reimann & Schmutz

Rindfleisch
Demeter-Hof Bauer
Anderlhof, Gasteiger
Biohof Hans Glück
Wendlerhof, Kirmeier

Säfte
Bio-Beeren vom Franz, Eitzinger
Biohof Hans Glück
Bio-Hof Leitner
Unterforsthuber

Schweinefleisch
Biohof Hans Glück

Verarbeitete Fleischprodukte
Anderlhof, Gasteiger
Naturland-Schäferei Kollmannsberger
Unterforsthuber

Ziegenfleisch
Demeter-Hof Bauer

„Hosd des scho ghärt?"
Die Verfügbarkeit der Produkte kann saisonal schwanken. Bitte bei den jeweiligen Erzeugern erfragen, bzw. rechtzeitig vorbestellen.

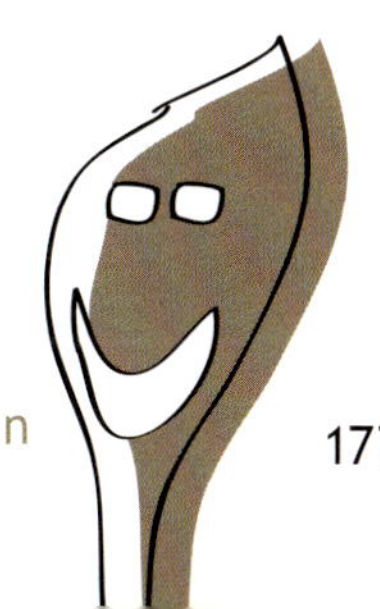

Chiemgauer Saisonkalender

Angebot	Jan	Feb	Mär	Apr	Mai	Jun	Jul	Aug	Sep	Okt	Nov	Dez
Gemüse & Kräuter												
Artischocken						X	X					
Auberginen						X	X	X	X	X		
Bayerische Rübe	X	X				X	X	X	X	X	X	X
Blaukraut	X	X				X	X	X	X	X	X	X
Blumenkohl					X	X	X	X	X	X	X	X
Bohnen, grün					X	X	X	X	X	X		
Brokkoli			X	X	X	X	X	X	X	X	X	
Fenchel					X	X	X	X	X	X	X	
Grünkohl	X	X	X						X	X	X	X
Gurke, Salatgurke				X	X	X	X	X	X			
Jungpflanzen		X	X	X	X	X	X	X	X			
Karotten	X	X	X	X	X	X	X	X	X	X	X	X
Kartoffeln	X	X	X	X	X	X	X	X	X	X	X	X
Knoblauch	X				X	X	X	X	X	X	X	X
Knollensellerie						X	X	X	X	X	X	X
Kohlrabi				X	X	X	X	X	X	X	X	X
Kräuter			X	X	X	X	X	X	X	X	X	
Kräuter: Basilikum			X	X	X	X	X	X	X	X		
Kräuter: Kerbel				X	X	X	X	X				
Kräuter: Korianderkraut				X	X	X	X	X				
Kräuter: Kresse	X	X	X	X	X	X	X	X	X	X	X	X
Kräuter: Petersilie			X	X	X	X	X	X	X	X	X	
Kräuter: Rosmarin						X	X	X	X	X	X	X
Kräuter: Schnittlauch		X	X	X	X	X	X	X	X	X	X	
Kräuter: Thymian			X	X	X	X	X	X	X	X	X	
Kürbis	X	X	X					X	X	X	X	X
Lauch-, Frühlingszwiebeln			X	X	X	X	X	X	X	X		
Lauch/Porree	X	X				X	X	X	X	X	X	X
Mangold				X	X	X	X	X	X	X	X	X
Meerrettich	X	X	X	X					X	X	X	X
Paprika						X	X	X	X	X		

Angebot	Jan	Feb	Mär	Apr	Mai	Jun	Jul	Aug	Sep	Okt	Nov	Dez
Pastinaken	x	x	x					x	x	x	x	x
Petersilienwurzel								x	x	x	x	x
Radieserl			x	x	x	x	x	x	x	x	x	
Rettich			x	x	x	x	x	x				
Romanesco								x	x	x		
Rosenkohl	x									x	x	x
Rote Bete	x	x	x	x	x	x	x	x	x	x	x	x
Spinat	x	x	x	x					x	x	x	x
Spitzkraut				x	x	x	x	x	x	x	x	x
Staudensellerie			x	x	x	x	x	x	x	x	x	
Steckrüben	x	x						x	x	x	x	x
Topinambur	x	x						x	x	x	x	x
Tomaten						x	x	x	x	x		
Weißkraut	x	x	x	x	x	x	x	x	x	x	x	x
Winterrettich									x	x	x	x
Wirsing						x	x	x	x	x	x	x
Zucchini				x	x	x	x	x	x	x		
Zuckermais						x	x	x	x	x		
Zuckerschoten			x	x	x							
Zwiebeln	x	x	x	x	x	x	x	x	x	x	x	x
Salate												
Asia Green	x	x	x	x					x	x	x	x
Batavia, rot oder grün			x	x	x	x	x	x	x	x		
Chicoree	x	x							x	x	x	x
Chinakohl						x	x	x	x	x	x	
Eichblatt		x	x	x	x	x	x	x	x	x		
Eisberg			x	x	x	x	x	x	x	x		
Endivien	x	x				x	x	x	x	x	x	x
Feldsalat	x	x	x	x	x	x			x	x	x	x
Kopfsalat			x	x	x	x	x	x	x	x	x	
Lollo Rosso			x	x	x	x	x	x	x	x	x	
Postelein/Portulak	x	x	x							x	x	x

Angebot	Jan	Feb	Mär	Apr	Mai	Jun	Jul	Aug	Sep	Okt	Nov	Dez
Radicchio						x	x	x	x	x	x	x
Romana					x	x	x	x	x			
Rucola		x	x	x	x	x	x	x	x	x	x	x
Zuckerhut	x	x							x	x	x	x
Obst & Nüsse												
Äpfel	x	x						x	x	x	x	x
Birnen									x	x	x	x
Brombeeren							x	x				
Eberesche								x	x	x		
Erdbeeren					x	x						
Heidelbeeren							x	x				
Himbeeren							x	x	x	x		
Johannisbeeren				x	x	x	x					
Jostabeeren						x	x					
Kirschen					x	x						
Quitten										x	x	x
Rhabarber			x	x	x	x						
Stachelbeeren							x					
Trauben									x	x		
Walnüsse	x	x	x	x	x				x	x	x	x
Zwetschgen/Pflaumen								x	x	x		

Der Chiemgauer Saisonkalender spiegelt das jahreszeitliche Angebot von Gemüse, Kräutern, Salaten und Obst im Chiemgau wider, gilt aber selbstverständlich zur Orientierung auch für andere Regionen. Das Angebot kann bei den Erzeugern von Jahr zu Jahr schwanken.

Freising Schmeckt

- Das bio-regionale Kochbuch mit saisonalen Rezepten und lebendigen Hofgeschichten.
- Ein Buch für Freisinger, Freunde Freisings und Liebhaber der regionalen Küche.
- Freising Schmeckt – ganz nach dem Motto „Vor der Tür – schmeckt gut – tut gut“.

www.freising-schmeckt.de

Von den Autoren selbst gekocht, probiert und für lecker befunden.

192 Seiten, gebunden, alle Rezepte mit Bilder; Preis: € 25,00 (D), ISBN 978-3-9814027-2-8

Pressestimmen

Eine „außergewöhnliche Buchidee“
Süddeutsche Zeitung Freising

„Die drei Autoren bringen es mit ihrer Formel auf den Punkt: bio + regional + saisonal.“
Bayerisches Landwirtschaftliches Wochenblatt

„Freising Schmeckt ist ein Beitrag zur Nachhaltigkeit, der ganz ohne moralisch erhobenen Zeigefinger, aber dafür mit 100 Prozent Genuss und Leidenschaft daherkommt.“
bio.de

„Eine Region kulinarisch erschließen, ganz mit Gerichten aus ökologischen Zutaten, das ist in diesem Kochbuch gelungen. Nachahmenswert auch in anderen Regionen.“
Lebendige Erde

BRATKNEDL
Mit Kartoffelgmias

Für 4 Portionen:

500 g Kartoffeln
Semmelknödelteig (siehe Seite 164)
1 Zwiebel
100 g Butter
2-3 EL Mehl
½ l Brühe (siehe Seite 166/167)
Petersilie
Salz, Pfeffer

Kartoffeln kochen, anschließend pellen und in Scheiben schneiden. Semmelknödelteig herstellen und Knödel formen. Backofen vorheizen auf 180°C (Umluft). 60 g Butter in einer feuerfesten Form, z.B. gleich im Backofen mit schmelzen. Dann die Knödel von allen Seiten mit der Butter benetzen und im Backofen etwa 20 Minuten knusprig backen, dabei von Zeit zu Zeit wenden.
Für das Kartoffelgemüse Zwiebel fein hacken und in 40 g heißer Butter andünsten. Mehl einstreuen und anschwitzen lassen (Einbrenne). Brühe nach und nach zugießen. Mit Salz und Pfeffer abschmecken und für ca. 15 Minuten auf kleiner Flamme köcheln lassen. Kartoffeln und gehackte Petersilie zugeben und nochmals kurz aufkochen. Die Bratknedl auf dem Kartoffelgemüse anrichten und servieren.

„Broblan geht üwa studian!“

Zu dieser vielleicht ungewöhnlichen, aber sehr schmackhaften Kombination aus Semmelknödeln und Kartoffeln passt gut ein Tomaten- oder Blattsalat.

Der ökumenische Bär

BÄRENSCHMAUS
Honigkuchenleckerei

Für 1 Backblech:

500 g Honig
450 g Mehl
250 g Walnüsse
1 gestr. TL Pottasche
1 gestr. TL Hirschhornsalz
Walnusshälften zum Belegen

Walnüsse knacken, nach Belieben fein oder grob hacken. Honig leicht erwärmen, damit er flüssig wird. Mehl und Walnüsse untermischen. Pottasche und Hirschhornsalz mit wenig lauwarmem Wasser anrühren und zuletzt zum Teig geben. Diesen für 24 Stunden an einem kühlen Ort ruhen lassen.
Am nächsten Tag den Teig für 3-4 Stunden in einem warmen Raum temperieren. Backofen auf 170°C (Umluft) vorheizen. Teig am besten direkt auf einem Backpapier ca. 1 cm dick ausrollen, bei Bedarf Nudelholz leicht mit Mehl bestäuben. Nach Belieben mit Walnusshälften belegen. Im Ofen etwa 20-25 Minuten backen. Den Bärenschmaus noch warm in gewünschte Form schneiden.
Sobald er erkaltet ist, in luftdichte Dosen füllen. Der Schmaus wird bereits nach ein paar Tagen weicher.

„Hosd des scho gwusst?“
Papst Benedikt XVI. hat die Elemente des Bischofwappens, das er als Erzbischof von München und Freising führte, auch in das päpstliche Wappen eingebracht. U.a. den „Korbiniansbär“ (siehe Seite 68), der im Freisinger Stadtwappen zu sehen ist.

Wos Stass
Winter
161

Die Autoren

Beruflich wie privat beschäftigen sich die drei Autoren mit den Themen Bio und Regionalität. Gemeinsam setzen sie Projekte und Konzepte zu den Themen Bio, Regionalität und Esskultur um. Ob Bücher, Kalender, Broschüren, Veranstaltungen oder Feinkost - einfach und genussvoll muss es sein.

Thomas Sadler, Jahrgang 1975: Mit 7 Jahren startete er seine eigenen Kochversuche, nachdem er sich vorher im Sandkuchenbacken geübt hatte. Mit seinem Unternehmen biotom berät der Gartenbauingenieur in der Bio-Branche mit Schwerpunkt Bio-Gastronomie. Er ist Redakteur und Projektleiter eines Bio-Fachmagazins für die ökologische Außer-Haus-Verpflegung. Einfache, bodenständige Gerichte schlemmt er gerne gemeinsam mit seiner Frau Eva Reichert, im Kreise seiner Familie oder mit Freunden. Thomas Sadler lebt, arbeitet und genießt in Freising. Weitere Informationen: **www.biotom.de**

Marion Hofmeier, Jahrgang 1977: Aufgewachsen zwischen Bauernhof und Lebensmittelhandel, wurde ihr das Faible für regionale Lebensmittel quasi in die Wiege gelegt. Die studierte Agrarmarketingerin berät mit ihren Firmen agromind und the foodfriendscompany Unternehmen und Erzeugergruppen zu den Themen Direkt- und Regionalvermarktung, Markenaufbau, Nachhaltigkeit, und Kooperationsmanagement. Ihre freie Zeit verbringt sie oft in der Küche. Dort ist die zuagroaste Freisingerin besonders kreativ darin, aus Resterl ein genussvolles Menü zu zaubern. Weitere Informationen: **www.agromind.de** & **www.foodfriendscompany.de**

Eva Reichert, Jahrgang 1976: Erste eigene Kocherfahrungen im Alter von 6 Jahren waren geröstete Haferflocken mit Milch - gekocht an einem Kinderherd. In der Zwischenzeit sind sowohl Rezeptrepertoire als auch Herd größer geworden. Als Gartenbauingenieurin und Kennerin der chinesischen Ernährungslehre berät sie mit ihrem Unternehmen wohlfühlwerk Privatpersonen und Firmen zu Ernährungskonzepten zum „Wohlfühlen" und nachhaltiger Esskultur. Sie ist Redakteurin eines Bio-Fachmagazins für die ökologische Außer-Haus-Verpflegung. Sie lebt, arbeitet und schlemmt mit ihrem Mann Thomas Sadler in Freising. Weitere Informationen: **www.wohlfuehlwerk.de**

Weitere Informationen zu den drei Autoren und deren Projekte unter: **www.schmeckthochdrei.de**